Longieren

Grundlagen | Hilfengebung | Problemlösungen

blv

RAINER HILBT

Was Sie in diesem Buch finden

Longieren an der einfachen Longe

Das Longieren an der einfachen Longe ist für die meisten Pferde der Einstieg ins

Arbeitsleben. Als »Reiten mit Fernsteuerung« können Sie viele Hilfen, Lektionen

und Ausbildungsschritte aus dem Reiten übertragen. Beschrieben werden

Anlongieren, die Arbeit mit Bodenricks oder das Erarbeiten von versammelnden

Lektionen, sowohl für die einfache Longe als auch die Arbeit mit der Doppellonge

oder dem Langzügel. Wenn etwas einmal nicht funktioniert, finden Sie zudem

Lösungsmöglichkeiten.

Longieren

Das Longieren bietet Ihnen sehr viele Möglichkeiten, Ihr Pferd abwechslungsreich und fachgerecht zu bewegen. Da man es auch als »Reiten mit Fernsteuerung« bezeichnen kann, ist es fester Bestandteil der Ausbildung des Pferdes. Sehr viele Hilfen, Lektionen und Übungen an der Longe sind mit der Reitlehre begründbar. Aus einigen Metern Entfernung sind Sie in der Lage, Ihr Pferd zu beobachten und zu beurteilen.

Für die Voltigierer und im therapeutischen Bereich ist das gute Longieren Grundvoraussetzung zur Ausübung ihres Sports, für Fahrer oftmals die einzige Möglichkeit, das Pferd richtig zu gymnastizieren.

Es gibt viele verschiedene Methoden und Möglichkeiten, Pferde zu longieren. Jede hat ihre Vor- und Nachteile, doch das Ziel ist immer ein zufriedenes, fleißiges, gehorsam an den Hilfen stehendes Pferd, welches lange gesund bleibt.

Die hier vorgestellte Art des Longierens hat sich in der Praxis vielfach bewährt. Die Ausbildung des Pferdes orientiert sich an der Ausbildungsskala, die auch Grundlage für die Ausbildung unter dem Reiter ist. Es werden Lösungswege angeboten, die Ihnen bei Schwierigkeiten in der täglichen Arbeit mit Ihrem Pferd weiterhelfen.

Ziel des Longierens ist ein zufriedenes, fleißiges, an den Hilfen stehendes Pferd.

Jedoch müssen Sie das Longieren erlernen, genauso wie Sie das Reiten erlernt haben. Lassen Sie sich also regelmäßig von außen korrigieren und besuchen Sie Lehrgänge. Longieren erlernen Sie nur durch Longieren, am besten mit unterschiedlichen Pferden und regelmäßiger Korrektur. Das ist genauso wie beim Reiten. Einigen Kapiteln dieses Buches ist eine Tabelle mit möglichen Fehlern angehängt, die in der täglichen Arbeit am häufigsten auftreten. Als Verbesserungsmöglichkeit für all diese Fehler könnte auch jedes Mal stehen: Holen Sie sich den Rat einer erfahrenen Person. Jeder wird in der täglichen Arbeit mit seinem Pferd »betriebsblind«, egal ob beim Reiten, Fahren oder Longieren.

So wird die Longe korrekt gehalten.

Das geeignete Material

Genau wie beim Reiten auch, ist die Auswahl der Ausrüstung eine wichtige Voraussetzung für das erfolgreiche Arbeiten eines Pferdes an der Longe. Aus Sicherheitsgründen und zum effektiven Longieren ist das geeignete Material von großer Bedeutung.

Die Longe
● Die Longe sollte mindestens 8,50 Meter lang sein, damit Sie Ihr Pferd auf einem großen Zirkel longieren können. Kleine Zirkellinien belasten wegen der Drehbewegung auf Dauer die Pferdebeine.
● Das Material sollte Baumwolle oder anderes Naturmaterial sein, ohne scharfe Kanten. Dehnbare Longen sind zum Longie-

Mit der Longe über den Daumen halten Sie Ihr Pferd nicht.

9

ren genauso ungeeignet wie ein Zügel aus Gummi beim Reiten.

● Nylonlongen und Lederstege sind gefährlich und dürfen nicht verwendet werden. Wird eine solche Longe durch die Hand gerissen, können Sie sich leicht verletzen. Das gleiche gilt für Knoten in der Longe.

● An einem Ende der Longe finden Sie eine Sicherheitsschlaufe, die Sie je nach Handhaltung unterschiedlich halten (siehe Umgang mit der Longe). Legen Sie sie auf keinen Fall nur über den Daumen – so können Sie Ihr Pferd mit Sicherheit nicht halten, wenn es einmal wegrennt.

● An dem anderen Ende ist ein Karabinerhaken ohne Wirbel und ohne schweres Lederstück, das in der Bewegung schlägt. Eine Lederschlaufe am Ende der Longe ist ebenfalls geeignet.

● Verwenden Sie auf keinen Fall eine Longierbrille. Beim Annehmen der Longe drückt der Gebissring nur auf die Lefzen und das Pferd verwirft sich im Genick.

Der Umgang mit der Longe

● Zum Aufnehmen greifen Sie am besten unter die Longe und legen die Schläge immer kleiner werdend in Ihre Hand. Dabei sind in den aufgenommenen Schlägen Verdrehungen vorhanden, die auch dort sein müssen. Andernfalls sind sie nach dem Herauslassen in der Longe.

Greifen Sie beim Aufnehmen unter die Longe.

Kleiner werdende Schläge in der Hand.

● Grundsätzlich halten Sie die Longe immer in der Hand, in die sie aufgenommen wurde, auch beim Nachgurten, Führen, Kontrollieren der Ausrüstung oder Ähnlichem. Legen Sie die Longe nicht über den Arm.

● Lassen Sie die Longe immer aus der Hand heraus, in die Sie sie aufgenommen haben, auch bei einem Handwechsel. Andernfalls haben Sie Verdrehungen in der Longe.

● Die Longe wird so gehalten, dass sie über den Zeigefinger herausgelassen und mit dem Daumen festgehalten wird (Sicherheitsschlaufe dabei zwischen Mittel- und Zeigefinger). So sind Sie feinfühliger in den Hilfen und können die Longe beim Verkleinern des Zirkels besser aufnehmen, als

wenn Sie sie halten wie einen Zügel beim Reiten. Ausnahme: Wenn Ihr Pferd stark nach außen drängt, bleiben Sie im Handgelenk weicher, wenn Sie die Longe halten wie den Zügel beim Reiten (dann kommt die Sicherheitsschlaufe über den Zeigefinger vor dem Daumen).

● Der Longenarm steht seitlich neben dem Körper in einer Linie mit der Longe und wirkt nachgebend. So sind Sie weich mit Ihrer Hand. Viele Probleme beim Longieren haben ihre Ursache in einer zu harten oder steifen Hand!

● Die Longe wird in den inneren Gebissring eingehakt. Zum Lösen des Pferdes schnallen Sie sie unter dem Hilfszügel ein, für die

Herauslassen aus der falschen Hand.

Der Longenarm steht vorne nachgebend.

Die Longe unter dem Hilfszügel.

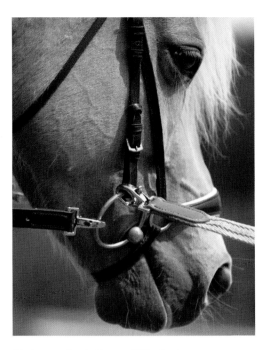

Die Longe oberhalb vom Hilfszügel.

weitere Arbeit in natürlicher Aufrichtung oberhalb vom Hilfszügel. Der Unterschied liegt in der Wirkungsweise der Longe auf das Maul des Pferdes.

● So können Sie fast alle Pferde korrekt Longieren. Alle anderen Möglichkeiten sind nur zur Korrektur vorübergehend zu gebrauchen. Nur wenn Sie das Pferd ohne Hilfszügel führen oder longieren wollen, haken Sie die Longe durch den inneren Gebissring hindurch in den äußeren ein. So kann das Gebiss nicht durchs Maul gezogen werden, wenn das Pferd einmal wegspringt. Wenn Sie einen Kappzaum verwenden, schnallen Sie die Longe in den Ring, der mittig auf der Nase des Pferdes sitzt.

● Longieren Sie immer mit einer Schlaufe in der Hand, die ungefähr bis zum Knie geht. So können Sie gegebenenfalls entsprechend schnell und viel nachgeben.

● Nehmen Sie die Longe korrekt auf, bevor Sie sie am Pferd einhaken. Also bitte nicht einhängen, in die Bahn gehen, alles hinwerfen und dann ordnen!

Die Peitsche

● Die Peitsche muss lang genug sein, um das Pferd jederzeit touchieren zu können. Ist der Stock 3 Meter und der Schlag 4,5 Meter, können Sie Ihr Pferd damit jederzeit auch auf großen Linien erreichen. Der Schlag kann aus Leder, Gummi oder dünnem Nylon sein. Die häufig eingesetzten dicken Nylon-

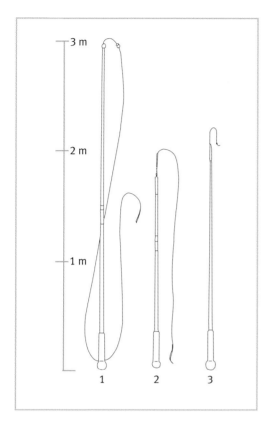

Peitschenmodelle und Längen.
1: Für das normale Longieren auf einem großen Zirkel.
2: Zum vorübergehenden Longieren auf kleinen Linien.
3: Zum Führen und Anlongieren junger Pferde.

schläge fliegen nicht gut. Eine zu kurze Peitsche erkennt das Pferd sehr schnell, es fehlt die treibende Wirkung. Das Wedeln mit einer zu kurzen Peitsche nehmen die Pferde nicht ernst und stumpfen dadurch ab.

● Um die Peitsche richtig einsetzen zu können, muss sie gepflegt werden. Fetten Sie den Lederschlag regelmäßig ein und entfernen Sie die Knoten aus dem Schlag.

Der Umgang mit der Peitsche

● Aus Sicherheitsgründen wird die Peitsche nie auf den Boden gelegt. Dass sie dabei zerbrechen kann, ist das kleinere Problem. Heben Sie sie aber hinter dem Pferd vom Boden hoch, kann es sich dabei erschrecken: entweder stürmt es dann los oder es schlägt nach hinten aus.

● In Grundstellung wird die Peitsche leicht nach oben und weit hinter dem Pferd gehalten. Im Gegensatz zur häufig gelehrten Methode, sie immer in Richtung Sprunggelenk zu halten, können Sie von dort das Pferd jederzeit treffen, ohne vorher ausholen zu müssen. Alleine deshalb wird Sie Ihr Pferd viel aufmerksamer beobachten.

Wenn Ihr Pferd Sie respektieren soll, müssen Sie mit der Peitsche richtig umgehen können. Üben Sie das Treffen zum Beispiel an einem Buchstaben an der Bande:

● Halten Sie die Peitsche wie in der Grundstellung etwa im rechten Winkel zur Longe

Die Peitsche in Grundstellung ist vom Pferd sehr gut zu sehen.

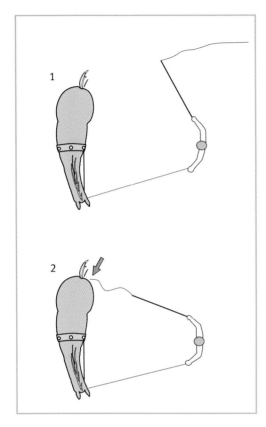

Treiben des Pferdes von weit hinten = vorwärts + seitwärts.

oder Ähnliches. Immer wenn der Schlag hinten knallt, haben Sie ihn vor dem Touchieren nicht gerade nach hinten gelegt.

Das Touchieren des Pferdes muss genauso sicher sein wie das dosierte Treiben. **Doch Treiben ist nicht gleich Treffen.** Je nachdem, wie kräftig Sie den Schlag von hinten in Richtung Pferd werfen, ohne es zu treffen, treiben Sie das Pferd mehr oder weniger. Schon das leichte Bewegen der Peitsche ist eine treibende Hilfe.

Die Ausrüstung des Pferdes

● **Trense oder Kappzaum.** Die Art der Trense ist dem jeweiligen Pferd anzupassen. Die Zügel sollten Sie entfernen oder zumindest zusammengedreht mit dem Kehlriemen befestigen. Ein einfach oder doppelt gebrochenes, passendes Gebiss eignet sich am besten zum Longieren. Ein Kappzaum muss richtig sitzen, damit es nicht zu Scheuerstellen kommt.
● Der **Longiergurt** sollte genügend Ringe besitzen, an denen Sie die Hilfszügel befestigen können. Er wird über den Sattel geschnallt, um die Sattelblätter zu fixieren. Die Steigbügelriemen werden zum Longieren entfernt. Verwenden Sie möglichst den Longiergurt in Verbindung mit einem Sattel, denn das Gewicht des Sattels regt die Rückentätigkeit zusätzlich an. Der Bauchgurt soll möglichst großflächig aufliegen, damit die Brustmuskulatur frei arbeiten kann. Das Longieren nur mit einem leichten Baum-

und legen Sie den Schlag gerade nach hinten auf den Boden. Dann können Sie aus dem Handgelenk abziehen und den Schlag zum Punkt an der Bande führen.
● Halten Sie nach dem Abziehen der Peitsche den Stock ungefähr in die Richtung des zu treffenden Punktes, bis der Schlag dort angekommen ist. Ziehen Sie sie nicht sofort wieder zurück, da der Schlag so nicht ankommen kann und es eventuell sogar knallt.
● Je leiser der Umgang mit der Peitsche, desto besser: also kein Knallen, Zischen

So werden die Zügel am Hals befestigt.

Die komplette Ausrüstung zum Longieren.

Der Kappzaum muss richtig sitzen.

wollgurt hat den Nachteil, dass dieser nicht fest am Pferd fixiert ist. Das Pferd kann den Zügel mit dem Gurt nach vorne ziehen und wird sich somit nicht vom Gebiss abstoßen, die Zügel geben nach.

● Auf jeden Fall sollten die Pferdebeine mit **Gamaschen** gegen Verletzungen geschützt werden. Bandagen sind nicht geeignet, weil sie die Blutzirkulation im Pferdebein behindern können.

● Bis auf ganz wenige Ausnahmen sollten Sie nur mit **Hilfszügeln** longieren. Das korrekte Lösen des Pferdes ist ohne geeigneten Hilfszügel kaum möglich. Die Art richtet sich nach dem Ziel der Arbeit und nach dem Ausbildungsstand des Pferdes. Die Vor- und Nachteile sowie die Wirkungsweise der einzelnen Zügel werden weiter hinten erklärt (S. 52 ff.).

Die richtige Umgebung

● Der Boden zum Longieren soll griffig, federnd und eben sein. Zu tiefer Boden ist belastend für die Sehnen, zu fester ist rutschig.

● Häufig ist es sinnvoll, mit einer Begrenzung zu longieren, vor allem bei jungen oder schwierigen Pferden. Von ihr dürfen aber keine Gefahren ausgehen wie abstehende Teile (Füße von Ständern) oder Bänder von Strohballen.

● Im Laufe der Ausbildung ist es sinnvoll, vermehrt auch auf geraden Linien zu longieren – ein eingezäunter Longierzirkel eignet sich dann nicht mehr.

● Der Zirkeldurchmesser muss mindestens 14 Meter betragen. Auf kleineren Linien ist die Belastung der Pferdebeine wegen der Drehbewegung größer. Da die Zirkellinie regelmäßig verändert wird, sollte der Platz

Wenn Longierzirkel, sollte er so aussehen.

zum Longieren mindestens 20 Meter mal 20 Meter sein.

● Während Sie für die Arbeit mit jungen Pferden erst einmal die ruhige Umgebung ohne störende äußere Einflüsse vorziehen sollten, zum Beispiel in einer Reithalle, ist für besser ausgebildete Pferde das Longieren auf Außenplätzen eine interessante Abwechslung und als Ausgleich sehr gut geeignet.

● Longieren Sie zur Verbesserung der Trittsicherheit und der Balance viel auf unterschiedlichen Böden. Dazu darf der Longierplatz gerne Steigungen und Gefälle haben – früher waren Reitplätze oft schräg angelegt.

Der Handwechsel

Damit der Handwechsel sicher ist, sollten Sie ihn in der Zirkelmitte ausführen. Das hat wesentliche Vorteile gegenüber der häufig gelehrten Vorhandwendung auf der Zirkellinie.

● Das Pferd ist weit entfernt von allen Störquellen wie klappernden Türen. Es erschreckt sich nicht so schnell und Sie vermeiden die Gefahr, als Reiter an die Bande gedrückt zu werden.

● Das Pferd macht keine Vorhandwendung, bei der die Vorderbeine nur gedreht werden. Diese Drehbewegung ist dauerhaft schlecht für die Gelenke des Pferdes.

Der korrekte Handwechsel in der Zirkelmitte.

● Sind noch Reiter in der Bahn, ist genügend Platz vorhanden und Sie stehen beim Handwechsel nicht im Weg.

Für einen sicheren Handwechsel gehen Sie am besten folgendermaßen vor:
● Halten Sie Ihr Pferd auf der Zirkellinie an. Führen Sie die Peitsche mit der Spitze nach hinten zeigend unter den Longenarm. Dann nehmen Sie die Longe auf das Pferd zugehend **in die neue Longenhand** korrekt auf.
● Führen Sie Ihr Pferd dann auf einem großen Bogen in die Zirkelmitte.
● Stellen Sie die Peitsche an die eigene Schulter (nicht die des Pferdes) und kontrollieren Sie die Ausrüstung. Schnallen Sie eventuell die Zügel um oder gurten nach.
● Nehmen Sie die Peitsche in die Hand und longieren Sie das Pferd im Schritt heraus. Lassen Sie die Longe aus der Hand heraus, in die sie aufgenommen wurde.

Grundsätzliches

● Stehen Sie beim Longieren mit der Schulterachse parallel zum Pferd. So haben Sie das Pferd zwischen den Hilfen und können feinfühlig einwirken.
● Bleiben Sie auf einer Stelle stehen. Wenn Sie vorübergehend mit dem Pferd mitgehen, tun Sie dies immer parallel mit dem Pferd, gehen Sie dabei nicht auf das Pferd zu.
● Wenn Sie an Begrenzungen entlang longieren, denken Sie daran, dass die Begrenzung auf das Pferd wirkt wie ein Magnet. Longieren Sie also entweder ganz dicht an der Begrenzung entlang oder mehrere Meter von ihr entfernt. Bei einem halben Meter zieht das Pferd automatisch zur Begrenzung hin.
● Die maximale Longierzeit richtet sich grundsätzlich nach dem Ausbildungsziel und dem Zustand des Pferdes. 15 Minuten können beim jungen Pferd genug sein. Beim ausgebildeten Pferd und abwechslungsreicher Arbeit inklusive Pausen mit dem Ausschnallen der Zügel können Sie aber durchaus über eine dreiviertel Stunde arbeiten.
● Um das Pferd gleichmäßig zu gymnastizieren, sollten Sie ungefähr alle 10 Minuten einen Handwechsel machen.
● Sie können jedem Pferd beibringen, dass es die erste Zeit an der Longe Schritt zu gehen hat, egal wie kalt es ist oder wie lange es vorher im Stall gestanden hat. Dies ist reine Erziehungssache und zeigt den Gehorsam eines Pferdes.

● In der täglichen Arbeit sieht man die verschiedensten Arten von Hilfszügeln, Longeneinschnallungen und Longiermethoden. Mit dem hier vorgestellten Wissen können Sie fast alle Pferde korrekt longieren. Sollten Sie jedoch nicht weiterkommen, holen Sie sich den Rat eines erfahrenen Ausbilders, denn die Ursache für Ihr Problem liegt möglicherweise nicht da, wo Sie vermutet haben. Außerdem wird man selbst nach einiger Zeit »betriebsblind«.

Bei jedem Imitieren anderer Longiermethoden sollten Sie sich vorher Gedanken über Sinn und Unsinn dieser Hilfsmittel und Methoden machen und abschätzen, ob diese dem eigenen Können und dem Ausbildungstand des Pferdes entsprechen.

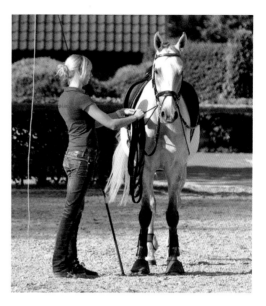

Beim Kontrollieren der Ausrüstung haben Sie beide Hände frei.

Herauslongieren des Pferdes im Schritt. Die Longe ist links aufgenommen und wird über die Peitschenhand herausgelassen.

Korrekte Stellung zum Pferd.

Sicherheitsregeln

Wenn Sie beim Longieren die folgenden Regeln beachten, ist die Arbeit mit dem Pferd sicher. Viele Unfälle passieren nur aus Gedankenlosigkeit oder, weil das falsche Material verwendet wurde:

- Tragen Sie beim Longieren Handschuhe, legen Sie alle Ringe ab.
- Legen Sie die Peitsche und Longe wegen der Unfallgefahr nie auf den Boden.
- Betreten und verlassen Sie die Reitbahn immer ohne angelegte Hilfszügel.
- Halten Sie die Longe beim Führen des Pferdes immer so in der Hand, dass sie jederzeit widerstandsfrei herausgelassen werden kann.
- Tragen Sie festes Schuhwerk und schließen Sie Ihre Jacke.
- Longieren Sie auf jeden Fall ohne Sporen, an denen die Longe hängen bleiben kann.

Kommt Ihnen das bekannt vor? Wenn das Pferd wegstürmt zieht sich die Longe um den Arm.

Fehler erkennen und korrigieren

Fehler	Auswirkung	Verbessern
Der Longenführer steht falsch zum Pferd.	Die Hilfen können nicht korrekt gegeben werden.	Lassen Sie sich von außen korrigieren.
Der Longenführer läuft in der Mitte kreisförmig mit.	Das Pferd findet keine Anlehnung, weil der Longenführer ständig auf es zugeht.	Machen Sie sich ein Loch in den Boden, in dem Sie beim Longieren stehenbleiben.
Es wird mit schlechtem Material longiert.	Das Longieren kann gefährlich werden, es kann zu Unfällen kommen.	Gutes Material kostet zwar ein wenig mehr, hält aber sehr lange und bietet Ihnen Sicherheit.

Die korrekte Hilfengebung beim Longieren

In den vielen Jahren, die ich Longieren unterrichte, habe ich die verschiedensten Arten der Hilfengebung gesehen: mit und ohne Stimme, Schnalzen und »Brrrr«, mit oder ohne Peitschensymbolik usw. Über Sinn und Unsinn, Vor- und Nachteile lässt sich durchaus diskutieren. Das für mich entscheidende Kriterium für die korrekte Hilfengebung ist nur eines: Sie muss funktionieren. Wenn Sie in der Lage sind, aus reiterlicher Sicht gute Übergänge zwischen und in den Gangarten longieren zu können, ist Ihre Art der Hilfengebung gut. Wenn Sie das nicht können, sollten Sie sich Gedanken darüber machen, Ihre Hilfengebung zu verbessern:

● Geben Sie immer genau die gleichen Hilfen für die gleichen Übungen.
● Setzen Sie sich konsequent dem Pferd gegenüber durch (Gehorsam).
● Die Dosierung und das Zusammenwirken der einzelnen Hilfen muss stimmen.
● Sie müssen die Hilfen im richtigen Moment geben.

Das Pferd soll gehorsam sein und auf die Hilfen reagieren. Dafür müssen Sie die Empfindsamkeit und Sensibilität des Pferdes erhalten und den Einsatz und die Dosierung der Hilfen auf das jeweilige Pferd abstimmen. Pferde reagieren teilweise sehr unterschiedlich auf die Hilfen, je nach Ausbildungsstand und Interieur, aber auch je nach Tagesform. Wichtig dabei ist, dass Sie dem Pferd gegenüber sicher und souverän auftreten. Ihre Erscheinung in der Zirkelmitte entscheidet mit über den Erfolg Ihrer Arbeit. Seien Sie ruhig aber konsequent. Ihre Stimme sollte klar und deutlich sein. Ein entscheidender Punkt ist, die Hilfen beim Longieren dosieren zu können. Gerade beim Umgang mit der Peitsche werden häufig Fehler gemacht. Entweder wird sie überhaupt nicht eingesetzt oder das Pferd wird touchiert. Doch treiben ist nicht gleich treffen. Leichtes Hinterherwerfen des Peitschenschlages, ohne das Pferd zu berühren, in Verbindung mit leichtem Schnalzen wäre zum Beispiel eine ungefähr 30-prozentige treibende Hilfe.

Entscheidend hierbei ist aber, dass die Reaktion des Pferdes auf diese Hilfen entsprechend ausfällt. Treiben Sie Ihr Pferd mit einer Intensität von 50 Prozent, muss das Pferd auch mit 50-prozentigem Antreten reagieren. Tut es das nicht, stumpft es auf Dauer ab. Dies ist vergleichbar mit dem ständigen Einsatz der Sporen beim Reiten, auf die das Pferd bald nicht mehr reagiert. Diese Fähigkeit des Dosierens der Hilfen ist entscheidend für gutes Longieren. So sind Sie auch in der Lage, sich mit Ihrer Hilfengebung auf das jeweilige Pferd einzustellen. Denn: Unterschiedliche Pferde brauchen unterschiedliche Hilfen. Einige reagieren besser auf die Stimme, andere besser auf die Peitschenhilfe. **Sie müssen sich nach dem Pferd richten, nicht umgekehrt.** Das erfordert ein ständiges Beobachten der Reaktionen des Pferdes.

Dabei kommt es beim Longieren immer wieder vor, dass den korrekten Gangart- und Tempowechseln zu wenig Bedeutung beigemessen wird. Nur mit guter Hilfengebung können Sie korrekte Übergänge longieren, ganz ähnlich wie beim Reiten. Grundsätzlich ist das Pferd das Spiegelbild Ihrer Hilfen: Wenn es nicht so reagiert, wie Sie es wünschen, hinterfragen Sie immer zuerst Ihre Hilfen.

Auch beim Longieren ist gute Hilfengebung nötig.

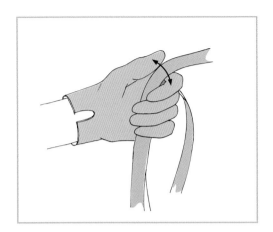

Geben Sie nach dem schnellen Annehmen sofort wieder nach.

Stimmhilfen

Da Pferde zehnmal so gut hören können wie Menschen, haben Sie mit Ihrer Stimme einen großen Einfluss. Sie kann beruhigend, auffordernd, strafend und lobend wirken. Dabei sind der Tonfall der Stimme sowie die Akzentuierung von entscheidender Bedeutung, weniger Lautstärke und Wortwahl. Junge Pferd werden anfangs sehr viel mit der Stimme longiert. Sie reduziert sich aber im Laufe der Zeit auf die Grundkommandos »Steh«, »Scheritt«, »Terab« und »Galopp«. Da Pferde diese Worte unterscheiden können, sollten Sie die Kommandos auch zum Wechseln zwischen den Gangarten benutzen. Das Schnalzen und die Hilfe »Brrr« eignen sich hingegen sehr gut für die Verstärkungen und das Zurücknehmen des Tempos in einer Gangart. Wenn Sie immer das »Brrr« zum Durchparieren benutzen, weiß das Pferd nicht, ob es zum Trab, zum Schritt oder zum Halten

kommen soll. Zum Ermahnen des Pferdes und Zurücknehmen des Tempos wirkt ein kurzes und prägnantes »Sch« sehr gut. Abgeleitet aus der Hilfe »**Sch**eritt« oder »**Sch**-teh« weiß das Pferd nach dem Erlernen der Hilfe ganz genau, dass dies eine deutliche Ermahnung ist. Viele eilige Pferde reagieren darauf sehr gut.

Achten Sie darauf, dass die Stimmhilfen, auch beim Durchparieren, immer Befehlen gleichen. Jegliches »Bitte, bitte« kommt nicht an.

Die Ursache vieler Schwierigkeiten beim Longieren liegt darin, dass der Longenführer die Stimme nicht genügend akzentuiert einsetzt.

Longenhilfen

Die Longenhilfen sind vergleichbar mit denen beim Reiten: annehmende, nachgebende, verwahrende und durchhaltende Hilfen. Annehmende Hilfen werden immer in Verbindung mit einer treibenden Hilfe benutzt, beispielsweise zum
- Aufmerksammachen des Pferdes, zum Beispiel vor einem Gangartwechsel,
- Verkürzen des Gangmaßes,
- Anhalten,
- Wechseln in eine niedrigere Gangart.

Annehmen heißt aber nicht, dass Sie das Pferd zu sich herziehen. Vielmehr ist es ein sehr kurzer Impuls, der durch die Longe geht. Dem folgt sofort wieder das Nachgeben. Nachgeben bedeutet aber nicht das Wegwerfen der Longe, sondern – genau wie

beim Reiten – ein Nachgeben mit stetiger, weicher Verbindung zum Pferdemaul.
Die Verbindung von annehmender und nachgebender Hilfe zusammen mit dem Treiben ergibt eine Parade. Es ist jedoch zumindest an der einfachen Longe fraglich, ob ohne Reitergewicht und Schenkeldruck eine wirkliche Parade im Sinne der Reitlehre gegeben werden kann. Deshalb spreche ich lieber von einer Longenhilfe.
Die weiche Hand beim Longieren ist die Voraussetzung, damit das Pferd vertrauensvoll die Anlehnung sucht. Deshalb dürfen Sie das Pferd mit der Longe nicht strafen. Damit Sie im Galopp eine weiche und stetige Anlehnung erhalten, muss Ihr Longenarm weich mitfedern und die Bewegung des Galoppsprungs aufnehmen.

Hängt die Longe bei Ihrem Pferd durch und haben Sie keine stetige Verbindung, kommt eine annehmende Longenhilfe nicht am Pferdemaul an. Hierbei hat es sich bewährt, in dem Moment, in dem Sie parieren wollen, eine Welle durch die Longe zu schicken. Durch ein kurzes Schütteln der Hand entsteht eine Welle, die auch bei nicht anstehender Longe am Pferdemaul ankommt. Viele Pferde reagieren hierauf sehr gut. Dieses Mittel eignet sich zudem für im Maul empfindliche Pferde.

Peitschenhilfen

Da Pferde Bewegungsseher sind, können Sie mit einer eindeutigen Peitschensymbolik klare Hilfen geben. So soll die Bewegung der Peitsche ausreichen – Sie brauchen Ihr

Pferd nicht zu touchieren. Je nach Stellung wirkt die Peitsche mehr vorwärts oder seitwärts treibend oder verwahrend. Aus der Grundstellung heraus können Sie die Peitsche

● schnell hinter dem Pferd senken zum Gangartwechsel nach oben. Hier wirkt die Peitsche treibend, weil Sie das Pferd von

Eine Welle durch die Longe schicken ...

In dieser Grundposition sieht das Pferd die gesamte Peitsche.

Peitschenhilfe für den Gangartwechsel nach oben.

In Richtung Kruppe oder Sprunggelenk sieht das Pferd die Peitsche deutlich weniger.

dort direkt treffen können. Diese Hilfe erlernt das Pferd sehr schnell.

● langsam hinter dem Pferd senken zum Tempowechsel nach oben.

● erhoben in Richtung Kopf führen zum Herausnehmen der Peitsche aus der treibenden Position. So wirkt die Peitsche nicht mehr vorwärtstreibend.

Grundsätzlich kann man dabei sagen: Je tiefer die Peitsche hinter dem Pferd gesenkt wird, desto höher ist die treibende Hilfe.

Hilfengebung durch Körpersprache

Ihre Stellung zum Pferd ist ein wichtiges Kriterium für gutes oder schlechtes Arbeiten: Stehen Sie hinter dem Pferd, haben Sie eine mehr vorwärtstreibende Wirkung. Bewegen Sie sich in Richtung Kopf, wirkt das eher »bremsend«. Dies müssen Sie sich bewusst machen, da es gerade beim Longieren von schwierigen Pferden einen großen Unterschied macht. Diese Fälle werden im weiteren Verlauf eingehend erklärt.

● Gehen Sie anfangs beim Verlagern des Zirkels etwa in Kopfhöhe mit dem Pferd mit. So wird es besser geradeaus gehen, weil Ihre Stellung es dazu veranlasst. Der Longenführer soll sich zwar eigentlich nicht vor dem Pferd bewegen, in diesem Fall ist es aber vorübergehend von großem Nutzen.

● Gehen Sie an der offenen Seite des Zirkels in Richtung Hinterhand, also mehr hinter das Pferd, wird es Sie nicht mehr herausziehen, weil Sie es durch Ihre Stellung mehr vorwärts und weniger seitwärts treiben.

- Bei Pferden, die sich an der Longe umdrehen, gehen Sie die ganze Zeit hinter dem Pferd her in Richtung Hinterhand. So verkürzen Sie den Winkel und das Pferd kann sich nicht so schnell drehen.
- Will das Pferd nicht durchparieren, gehen Sie, die Longe aufnehmend, in Richtung vor das Pferd und nehmen es so zurück.
- Zum Auslösen einer entsprechenden Reaktion des Pferdes auf Ihre treibenden Hilfen können Sie energisch auf die Hinterhand zugehen. So treiben Sie es mit der Körpersprache vorwärts.

Das Gefühl für die Stellung zum Pferd ist vor allem Erfahrungssache. Probieren Sie immer wieder aus, wie Ihr Pferd auf diese Hilfen reagiert.

Seitwärtstreibende Hilfe

Zum Heraustreiben des Pferdes hat es sich bewährt, den Peitschenschlag von weit hinten in Richtung hinter das Pferd zu werfen, ohne es zu treffen. So wirkt die Peitsche vorwärts-seitwärts treibend. Das Pferd bleibt fleißig und tritt an die Hand heran. Bei eiligen Pferden ist diese Methode jedoch wenig sinnvoll. In dem Fall kann das Treiben in Richtung der Schulter helfen, weil die vorwärtstreibende Wirkung fehlt. Die Peitsche jedoch von vorne vor das Pferd zu werfen, ist die schlechteste aller Möglichkeiten. Die Gefahr, das Pferd zu treffen, ist viel groß. Die meisten Pferde reagieren hierauf nur mit Kopfschlagen und Taktfehlern.

So drängt das Pferd beim Verlagern des Zirkels nicht in den Zirkel.

Das ist die korrekte Stellung zum Pferd.

Sie gehen in Richtung Hinterhand des Pferdes.

Hilfengebung für Übergänge zwischen und in den Gangarten

Aufforderungskommando

Analog zum Reiten wird jede Lektion und Veränderung über die Hilfengebung entsprechend vorbereitet. Das Pferd wird durch Ansprechen (Name des Pferdes, »Pass auf« oder ähnliches) in Verbindung mit einer Longenhilfe aufmerksam gemacht. So bereiten Sie sich und das Pferd auf die nächste Lektion vor und überfallen es nicht mit den Hilfen. Wichtig ist, dass Sie durch das Ansprechen zwischen sich und dem Pferd eine positive Spannung aufbauen. Das Pferd muss deutlich aufmerksam sein: Das innere Ohr ist zur Mitte gerichtet, man sieht, dass das Pferd jetzt ein Kommando erwartet. Geben Sie dem Pferd Zeit, sich vorzubereiten – es braucht oft eine Sekunde. Also: »Pass auf« – 21 (das zählen Sie still mit) – »Terab«.

Der häufigste Grund für schlechte Übergänge liegt in ungenügender Vorbereitung.

Ausführungskommando

Gangartwechsel

● Nach dem Vorbereiten wird die Peitsche für einen **Gangartwechsel nach oben** von der Grundstellung aus schnell hinter dem Pferd gesenkt und das entsprechende Kommando gegeben. Heben Sie die Stimme auf der zweiten Silbe deutlich an, so wirkt sie auffordernd: »Sche-**ritt**«, »Te-**rab**« und »Ga-**lopp**«. Von hinten wirkt die Peitsche drohend – das Pferd tritt oder springt an. Ist der Gangartwechsel gut ausgeführt, geht die Peitsche wieder in die Grundposition. Wenn nicht, können Sie genau aus der Position heraus das Pferd touchieren. Hat das Pferd die Peitschenhilfe erlernt, brauchen Sie den Peitschenschlag gar nicht mehr einzusetzen, das alleinige Senken der Peitsche reicht zum Treiben aus.

Häufig wird hier der Fehler gemacht, dass der Peitschenschlag bei jedem Gangartwechsel Richtung Pferd geworfen wird. Das hat den Nachteil, dass Sie das Pferd in dem Moment, in dem es nicht oder nicht ausreichend reagiert, nicht sofort touchieren können, weil der Schlag schon in Richtung Pferd liegt. Sie müssen erst wieder neu ausholen. Also nur die Peitsche senken, nicht zum Pferd führen.

● Nach dem Vorbereiten geben Sie zum **Durchparieren des Pferdes** gleichzeitig eine Longenhilfe und das entsprechende Stimmkommando. Die Stimme wird hierbei auf der zweiten Silbe abgesenkt, das Kommando gleicht aber immer noch einem Befehl. Die Peitsche bleibt dabei hinter dem Pferd. Nur wenn das Pferd trotz mehrfacher Hilfe nicht reagiert, nehmen Sie die Peitsche aus der treibenden Position heraus in Richtung Kopf des Pferdes. Wenn Sie die Peitsche zum Durchparieren gleichzeitig mit der Stimme nach vorne senken, kommen die meisten Pferde auf die Vorhand, weil die Peitsche nicht mehr treibt. Außerdem habe ich festgestellt, dass viele Longenführer bei dieser Methode verlernen, Longenhilfen zu geben.

Tempowechsel

● Zum **Zulegen in einer Gangart** wird die Peitsche nach dem Vorbereiten von der Grundstellung aus weiter nach hinten hinter das Pferd geführt und langsam gesenkt. So verstärkt sich die treibende Wirkung und in Verbindung mit dem Schnalzen tritt oder springt das Pferd direkt vorwärts.

● Wollen Sie das **Tempo des Pferdes dagegen zurückführen,** geben Sie am besten mehrere Longenhilfen in Verbindung mit mehrfachem kurzem »Brrr« oder »Sch« und nehmen das Pferd währenddessen zurück. Dabei soll es mit dem Hinterbein Gewicht übernehmen und so das Tempo vermindern. Das häufig zu beobachtende »Hooo« oder langgezogene »Brrrrrr« eignet sich zwar zum Beruhigen ängstlicher Pferde, nicht jedoch zum Zurückführen des Tem-

Das Senken der Peitsche zum Tritteverlängern.

pos. Genau wie beim Reiten wird dazu eine aktive Hilfe gegeben. Reagiert Ihr Pferd anfangs nicht deutlich genug auf die Hilfen, können Sie zusätzlich die Peitsche erhoben mehr oder weniger nach vorne führen. Dort hat sie keinen vorwärtstreibenden Einfluss mehr.

Wie erlernt das Pferd die Hilfen?

Übergang in die höhere Gangart
Geben Sie die Hilfen zum Übergang in die höhere Gangart: Aufforderungskommando, warten, Senken der Peitsche hinter dem Pferd mit gleichzeitiger Stimmhilfe. Wenn das Pferd nun nicht oder nicht genügend reagiert, touchieren Sie es. Gleichzeitig sprechen Sie es energisch an. Auf diese energische Hilfe muss das Pferd auch energisch reagieren, nicht nur langsam antraben. Tritt das Pferd dann an, geht die Peitsche wieder hoch. Durch das häufige Wiederholen dieser Abfolge lernt das Pferd schnell, wie es reagieren soll. Sie sind anschließend in der Lage, nur durch das Senken der Peitsche in Verbindung mit der Stimme die Gangart zu wechseln.

Wichtig ist die Abfolge: auffordern – warten – ausführen – Reaktion abwarten – wenn zu wenig: deutlich »übertreiben«.

Wenn das Pferd nach außen drängt, üben Sie die Übergänge an einer Begrenzung. Dort können Sie treiben, ohne Gegenhalten zu müssen.
Werfen Sie den Peitschenschlag nicht bei jedem Gangartwechsel nach oben mit dem Ausführungskommando zum Pferd. Denn: Reagiert es darauf nicht oder nicht genügend, haben Sie Ihr Pulver schon verschossen und müssen erst wieder neu ausholen, um das Pferd touchieren zu können.

Übergang in die niedrigere Gangart
Wollen Sie Ihrem Pferd die Hilfen zum Durchparieren beibringen, geben Sie folgende Hilfen: Aufforderungskommando, warten, Stimm- und Longenhilfe gleichzeitig. Reagiert das Pferd nun nicht oder nur zögernd, nehmen Sie die Peitsche nach hinten auf den Unterarm, gehen auf das Pferd zu und nehmen die Longe auf. Dabei geben Sie weiterhin Longen- und Stimmhilfen und bewegen sich in Richtung vor das Pferd. Gehen Sie so lange auf das Pferd zu, bis es durchpariert ist. Es ist nicht sinnvoll, wenn Sie einen Schritt machen, auf die Reaktion des Pferdes warten und dann einen weiteren Schritt machen. Das Zugehen auf das Pferd ist die Ermahnung, dass es etwas nicht richtig macht. Pariert das Pferd dann durch, loben Sie es mit der Stimme und longieren es wieder heraus. Seien Sie konsequent, aber ruhig dabei. Haben Sie dieses Vorgehen ein paar Mal wiederholt und sich damit durchgesetzt, reichen im Laufe der Zeit immer weniger Schritte in Richtung Pferd aus, um es durchzuparieren. Diese Möglichkeit ist sanft, aber sehr konsequent. Entscheidend ist, dass Sie auf das Pferd zugehen und es nicht zu sich hereinholen. Bei dieser Hilfe soll das Pferd vor Ihnen als Leittier weichen. Kommt es auf Sie zu, ist es genau umgekehrt.

Sture oder ungehorsame Pferde können Sie so sehr deutlich durchparieren, ohne dass Sie viel mit der Longenhand arbeiten müssen. Verbessern Sie den Gehorsam vor allem beim gelösten Pferd, es fällt ihm dann viel leichter.

Wichtig ist die Abfolge: auffordern – warten – ausführen – Reaktion abwarten – wenn zu wenig: Longe verkürzen, auf das Pferd zugehen.

Häufig sieht man, dass die Pferde vor allen Dingen beim Durchparieren vom Trab zum Schritt auf die Vorhand kommen. Zwei Dinge sind hierbei wichtig, um den Übergang zu verbessern:
● Bleiben Sie mit der Peitsche hinter dem Pferd und senken Sie sie nicht parallel zur Longe. Nur dann können Sie beim Übergang treiben.
● Das vorübergehende Auslaufen des Pferdes ist das kleinere Problem. Schwerwiegender ist das Fallen auf die Vorhand. Durch gute Ausbildung wird das Pferd immer weniger auslaufen und immer mehr Gewicht mit der Hinterhand aufnehmen. Eine andere Möglichkeit, das Pferd zum Schritt durchzuparieren, ist, die Longe zu verkürzen, bevor Sie die Gangart wechseln. Dies hilft vor allen Dingen bei unkonzentrierten oder dominanten Pferden. Nehmen Sie die Longe auf das Pferd zugehend einige Meter auf – das Pferd bleibt dabei im Trab –, dann geben Sie die entsprechende Hilfe. Da Sie dichter am Pferd sind, wird es besser reagieren. Im Laufe der Ausbildung nehmen Sie die Longe immer weniger kurz

zum Durchparieren. Parieren Sie dabei möglichst auf geraden Linien durch, d. h. verlagern Sie den Zirkel geradeaus und parieren Sie dann durch. Für das Pferd ist das leichter als auf der gebogenen Linie. Pferde reagieren unterschiedlich gut auf diese verschiedenen Möglichkeiten. Probieren Sie es bei Ihrem Pferd aus.

Diese Vorgehensweisen haben den großen Vorteil, dass das Pferd schonend erlernt, was die Hilfen zu bedeuten haben. Versuchen Sie es nur mit Longe und Stimme,

Die Peitsche liegt zum Aufnehmen der Longe auf dem Unterarm.

31

Fehler erkennen und korrigieren

Reaktion des Pferdes	Häufige Fehler	Verbessern
Die Übergänge sind aus gymnastizierender Sicht nicht gut: Das Pferd kommt auf die Vorhand, es tritt nicht genügend an	Das Pferd wurde nicht genügend vorbereitet.	Sprechen Sie Ihr Pferd kurz und deutlich an und warten Sie auf seine Reaktion: Ist es wirklich aufmerksam?
	Die Hilfengebung ist nicht konsequent oder eindeutig genug.	Lassen Sie sich regelmäßig von außen korrigieren. Machen Sie sich immer wieder Gedanken über Ihre Hilfengebung.
Das Pferd reagiert nicht oder zu viel auf Stimme, auf die Peitsche, die Longe oder auf die Körpersprache.	Pferde reagieren unterschiedlich sensibel auf unterschiedliche Hilfen.	Benutzen Sie die Hilfen, auf die das Pferd am besten reagiert. Reduzieren Sie dabei die anderen Hilfen. Sie müssen Ihre Hilfen dem Pferd anpassen.
Das Pferd reagiert nicht auf die Stimme.	Die Stimme wird ununterbrochen oder zu wenig akzentuiert benutzt.	Lassen Sie sich von außen nachsprechen. Dann hören Sie Ihren Tonfall.
Das Pferd reagiert nicht auf die Peitsche.	Sie können nicht treffen.	Üben Sie das Touchieren an einem Punkt an der Bande, bis es klappt.
	Die Peitsche ist zu kurz.	Auf keinen Fall den Zirkel verkleinern! Es hilft nur eine ausreichend lange Peitsche.
Das Pferd reagiert nicht auf die Longe.	Das Pferd ist zu unsensibel im Maul.	Auf keinen Fall die Longenhilfen verstärken – benutzen Sie besser die anderen Hilfen mehr.
Das Pferd reagiert nicht auf Körpersprache.	Das Pferd ist nicht sensibel auf Ihre Körpersprache.	Benutzen Sie mehr die anderen Hilfen.
Die Longe hängt durch.	Sie sind mit der Longenhand zu hart und fest.	Longieren Sie immer mit weichem nachgebendem Arm, auch wenn die Longe mal durchhängt.
	Das Pferd hat noch nicht gelernt, die Anlehnung zu suchen.	Verlagern, verkleinern und vergrößern Sie den Zirkel immer wieder.

Reaktion des Pferdes	Häufige Fehler	Verbessern
Das Pferd drängt nach außen.	Nicht das Pferd zieht, sondern Sie ziehen dagegen.	Longieren Sie anfangs an einer Abgrenzung entlang. Anschließend nehmen Sie die Longe vorsichtig an und geben schnell wieder nach.
Der Umgang mit der Peitsche ist zu laut.	Knallen und Zischen ist uneffektiv, dosiertes Treiben nicht möglich.	Peitsche aus der richtigen Stellung heraus abziehen, anschließend nicht zurückziehen (es knallt).

endet das häufig in einem Reißen und Ziehen an der Longe oder das Pferd trabt rundenlang um Sie herum. Allerdings gibt es einige Pferde, die auf das Verkürzen der Longe mit Hektik reagieren. Sie ziehen mehr nach außen und eilen weg. Hier können Sie das Pferd nur auf der großen Linie beruhigen. Manchmal hilft auch das völlige Ignorieren des Pferdes, damit es ruhiger wird.

Anhalten

Wollen Sie dem Pferd das Anhalten beibringen, sollte es das Kommando »Steh« beim Führen gelernt haben. Beim Longieren nehmen Sie die Longe so kurz auf, dass Sie ca. 1 Meter vom Pferd entfernt mitgehen. Das Pferd bleibt dabei im Schritt, die Peitsche wird über den Unterarm nach hinten gelegt. Dann kommen die Hilfen: auffordern – warten – Stimme »Steh« mit Longenhilfen. Wenn das Pferd nicht reagiert, gehen Sie einen Schritt in Richtung vor das Pferd und nehmen die Longe auf. Dabei werden weiter Longenhilfen und das Kommando

»Steh« gegeben. Im Laufe der Ausbildung können Sie die Longe vor dem Anhalten immer weniger verkürzen. Entscheidend ist, dass das Pferd auf das erste Kommando sofort anhält und nicht noch einige Schritte geht. Die obigen Tipps helfen auch, wenn sich Ihr Pferd beim Anhalten nach innen dreht.

Bei jedem Übergang sollten Sie sich fragen: Wie war der Übergang? Was war nicht so gut und warum nicht? Fast immer liegt es an einer nicht genügend guten Hilfengebung, wenn die Übergänge schlecht ausgeführt sind. Variieren Sie die Intensität der Hilfen, bereiten Sie das Pferd besser vor, geben Sie vorsichtigere Ausführungskommandos ... mit anderen Worten: Verändern Sie Ihr Pferd durch das Verändern Ihrer Hilfen. Lassen Sie sich von außen korrigieren. Die eigene Wahrnehmung ist nicht immer richtig und Betriebsblindheit normal. Vielleicht lassen falsch automatisierte Hilfen Fehler vermuten, die gar nicht existieren bzw. woanders liegen.

Die Skala der Ausbildung aus Longiersicht

Die Skala der Ausbildung ist in der deutschen Reitweise die Richtlinie, nach der Pferde ausgebildet werden. Sie ist schon Jahrhunderte alt und aus den Erfahrungen der alten Reitmeister in der Kavallerie hervorgegangen. Diese wollten das Pferd lange gesund erhalten, aber vor allen Dingen wieder gesund aus dem Krieg zurückkommen. Heute ist nur noch die Gesunderhaltung des Pferdes Ziel unserer Arbeit. Das Gewicht, welches in der Ruhe zu ca. 55 Prozent auf der Vorhand lastet, soll durch korrektes Arbeiten vermehrt von der Hinterhand übernommen werden.

Die gesamte Ausbildung von der Remonte bis zum fertigen Grand-Prix-Pferd ebenso wie der Aufbau der täglichen Arbeitsstunde erfolgt nach dieser Skala. Das hört sich möglicherweise kompliziert an, ist aber oft schon Bestandteil Ihrer täglichen Arbeit: Beginn mit lösenden Übungen, Steigern der Anforderungen bis zur Ausbildungsgrenze des Pferdes, um dann mit entspannenden Lektionen zu enden.

Vor allen Dingen das Erkennen und Beheben von Problemen mit dem Pferd wird mit Hilfe der Skala der Ausbildung leichter. Grundsätzlich treten in der Ausbildung des Pferdes fast immer mehrere Punkte gleichzeitig auf, die Sie verbessern wollen. Diese Aufgaben können den einzelnen Punkten der Skala der Ausbildung zugeordnet werden – so hat man eine sinnvolle Reihenfolge, in der man die Aufgaben nacheinander löst.

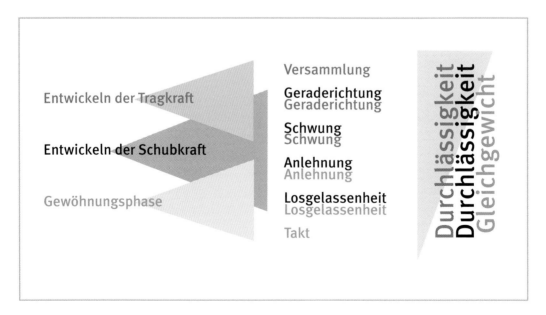

Die Skala der Ausbildung.

Die Skala der Ausbildung besteht aus drei Hauptphasen, die in sechs Punkte unterteilt sind:

Das oberste Ziel der Arbeit mit dem Pferd ist das Erreichen der absoluten Durchlässigkeit und das Verbessern des Gleichgewichts des Pferdes. Beides wird mit fortschreitender Ausbildung immer besser. Unter Durchlässigkeit versteht man die Kombination aus korrekt trainiertem Körper des Pferdes in Verbindung mit dem sofortigen spannungsfreien Reagieren des Pferdes auf die jeweiligen Hilfen des Longenführers.

Die einzelnen Punkte der Ausbildungsskala müssen nacheinander erarbeitet werden. Sie dürfen keinen Punkt übergehen, denn jeder ist die Voraussetzung zum Erreichen des nächsten. In der Praxis bedeutet das beispielsweise: Das Pferd muss gelöst sein (Losgelassenheit), bevor Sie beginnen, auf kleineren Linien die Hinterhand zu aktivieren (Schwung). Schwingt der Rücken des Pferdes nicht, wird das aktive Untertreten der Hinterhand blockiert.

Im Umkehrschluss heißt das aber auch: wenn Sie bei der Arbeit einen dieser Punkte nicht beachten, kommen Sie nicht weiter. Wenn sich das Pferd zum Beispiel beim Verbessern der Übergänge nach unten aufgrund zu starker Longenhilfen fest macht und Sie beachten dies nicht, wird das Pferd nur schlechter, nicht besser.

Die Punkte der Skala der Ausbildung gehen ineinander über; man kann sie nicht klar trennen. Dies erkennt man an der Überschneidung der drei Hauptphasen und an den teilweise gleichen Lektionen, die zur

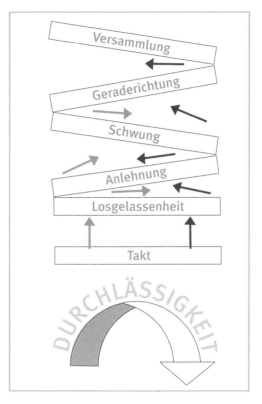

Geht die Losgelassenheit verloren, ist die weitere Arbeit wertlos.

Ausbildung des Pferdes angewandt werden: das Verkleinern und Vergrößern des Zirkels, um die Anlehnung und den Schwung zu verbessern.

Folgende Abhängigkeiten lassen die Ausbildungsskala deutlicher werden: Wenn Sie Ihr Pferd versammeln wollen, muss der gesamte Bewegungsapparat gleichmäßig ausgebildet sein. Das Pferd ist geradegerichtet. Erst dann können die Schubkräfte der Hinterhand direkt unter den Schwerpunkt wirken. Diese Schubkräfte müssen aber speziell trainiert werden. Der Impuls aus der Hinterhand, also das energische Abfußen, ist nur zu entwickeln, wenn das Pferd an die Hand herantritt. Ansonsten »verpufft« der Schwung in schnellem Tempo, nicht in längerer Schwebephase. Das Pferd steht dabei in natürlicher Aufrichtung und trägt sich selbst. In dieser korrekten Anlehnung werden die Hilfen des Longenführers ohne Widerstand direkt umgesetzt. Das geht natürlich nur, wenn das Pferd locker ist. Der Rücken als zentrales Bewegungszentrum muss schwingen. Die innere und äußere Bereitschaft zur Mitarbeit muss vorhanden sein. Das Pferd ist zufrieden. Das Pferd kann

diese Losgelassenheit aber nur erreichen, wenn es im Gleichmaß ist. Das Pferd ist im geregelten und fleißigen Grundtempo. Bei der gesamten Arbeit bewegt sich das Pferd in seinem natürlichen Gleichgewicht. Kommt es an irgendeiner Stelle dieser Ausbildung zu Störungen – entweder im Ausbildungsweg oder in der täglichen Arbeit –, müssen Sie diese erkennen und entsprechend reagieren. Einen Fehler zu machen ist nicht schlimm, Sie dürfen ihn nur nicht ständig wiederholen. Lassen Sie sich deshalb regelmäßig von einem erfahrenen Longenführer über die Schultern schauen.

Takt	
Definition	Das räumliche und zeitliche Gleichmaß der Schritte, Tritte und Sprünge. Schritt: Viertakt, Trab: Zweitakt, Galopp: Dreitakt
Erkennen	Der Takt muss bei allen Übungen und Lektionen erhalten bleiben, so auch auf der gebogenen Linie (Zirkel). Gleichmäßiges, rhythmisches Abfußen der Pferdebeine. Der Raumgriff bleibt immer gleich. ● Vorderbeine: keine verspannten Tritte. ● Hinterbeine: gleich weites Übertreten.
Methoden	Mindestens 10 Minuten Schrittarbeit, Hilfszügel lang und gleichlang anlegen, längere Trabphasen. Nach dem Erwärmen des Pferdes Bodenrickarbeit. **Wichtig: ein dem Pferd angepasstes, fleißiges Grundtempo auf großen Linien.**
Überprüfen	Ständig Fußfolge und Raumgriff auf Unregelmäßigkeiten beobachten, vor allen Dingen bei den Übergängen; Übungen, Lektionen und Ausbildungsschritte sind schlecht, wenn sie mit Taktfehlern verbunden sind.
Ausbildungsziel	Taktsicherheit in allen drei Grundgangarten bei allen Übungen und Lektionen. Das Pferd findet seinen inneren Takt, bei dem es sich am besten löst.

Losgelassenheit

Definition	Die innere und äußere Bereitschaft zur Mitarbeit, die Zwanglosigkeit in der Arbeit.
Erkennen	Äußere Losgelassenheit: der Rücken des Pferdes schwingt ⇒ gleichmäßiges, sichtbares Anspannen und Entspannen der Muskulatur ⇒ Pferd geht in die Dehnungshaltung vorwärts-abwärts; der Schweif wird frei getragen, pendelt in der Bewegung. Innere Losgelassenheit: Die Mimik (Ohren- und Augenspiel) zeigt Zufriedenheit, das Pferd kaut und prustet ab.
Methoden	Einfacher Gangartwechsel. Der Wechsel Trab ⇔ Galopp mit dem Verlängern der Galoppsprünge ist eine sehr gute lösende Übung, langes Galoppieren ermüdet. Bodenrickarbeit. Zirkellinie verlagern.
Überprüfen	Übergänge und Gangartwechsel sind spannungsfrei, das Pferd lässt sich gut sitzen.
Ausbildungsziel	Die Muskulatur des Pferdes, besonders die Oberlinie, ist gekräftigt; das Pferd ist nach wenigen Minuten Trab-Galopparbeit innerlich und äußerlich gelöst.

Takt und Losgelassenheit durch die Longenarbeit verbessern.

Das Pferd in korrekter Anlehnung.

Anlehnung

Definition	Stetige und gleichmäßige Verbindung von Longenhand und Hilfszügeln zum Gebiss, das Pferd trägt sich selbst, es setzt die Hilfen um.
Erkennen	Das Pferd sucht die Anlehnung an die Longe und Hilfszügel. Beides hängt nicht durch und das Pferd legt sich nicht drauf. Das Genick ist der höchste Punkt, die Stirn-Nasenlinie steht vor der Senkrechten. Das Pferd setzt alle Hilfen sofort und widerstandsfrei um.
Methoden	Immer mit treibenden Hilfen an die Hand arbeiten (passendes Grundtempo beachten). Wechseln des Tempos in einer Gangart (das Zulegen und Zurückführen ist entscheidend, nicht das schnelle Tempo). Zirkellinie verlagern, leicht verkleinern und vergrößern. Bei ziehenden Pferden immer annehmen und nachgeben.
Überprüfen	Das Pferd setzt die Hilfen sofort um, ohne die Haltung zu verändern, das Maul aufzumachen oder zu sperren. Die Anlehnung ist besonders beim Zurückführen des Tempos zu überprüfen: Das Pferd kommt direkt zurück und darf dabei nicht die Selbsthaltung aufgeben, sich nicht auf die Hilfszügel legen und nicht auf die Vorhand fallen.
Ausbildungsziel	Die Anlehnung und Durchlässigkeit des Pferdes besteht von Anfang an.

Schwung

Definition	Übertragung des energischen Impulses aus der Hinterhand auf die Gesamtvorwärts-Bewegung des Pferdes. Schwung ist das Ergebnis reiterlicher Ausbildung.
Erkennen	Ist nur im Trab und Galopp zu erkennen. Die Bewegung ist raumgreifend. Energisches Abfußen und gutes Durchschwingen der Hinterbeine. Leichte Gewichtsverlagerung auf die Hinterhand, die Hinterbeine schleifen nicht durch den Boden, sie treten nicht nach hinten hinaus. Die Schwebephase wird verlängert, das Pferd wird leiser.
Methoden	Arbeiten über Bodenricks, zweifache Gangartwechsel nach oben. Durch Zirkel verkleinern und vergrößern immer wieder der Wechsel zwischen Tragkraft und Schubkraft (Wichtig: Das fleißige Vergrößern mit Schwungentwicklung); Wechseln des Tempos mit deutlichem Impuls aus der Hinterhand hinaus. Longieren über Steigungen.
Überprüfen	Das Pferd lässt sich gut sitzen, die Tritte werden leiser. Je mehr das Pferd nach vorne durchschwingt und je länger die Schwebephase, desto besser der Schwung.
Ausbildungsziel	Der gesamte Bewegungsapparat des Pferdes, insbesondere die Hinterhand ist gekräftigt, das Pferd entwickelt Schubkraft.

Die schwungvolle Galoppade in korrekter Aufrichtung.

Geraderichtung

Definition	Das Pferd ist geradegerichtet, wenn Hinterhand und Vorhand aufeinander eingespurt sind. Die Vorhand wird auf die Hinterhand ausgerichtet.
Erkennen	Hinterhand und Vorhand sind aufeinander eingespurt. Rechter Hinterfuß tritt in die Spur des rechten Vorderfußes, links ebenso. Auf dem Zirkel: Untertreten des inneren Hinterbeines unter den Schwerpunkt des Pferdes zur Gewichtsverlagerung auf die Hinterhand und zum Ausbalancieren, ohne auszuweichen. Das Pferd wird in der gesamten Wirbelsäule auf die Biegung der Zirkellinie eingestellt.
Methoden	Zirkel mehr verkleinern und vergrößern mit vermehrtem Untertreiben des inneren Hinterbeines. Am besten mit der Doppellonge möglich oder mit einer äußeren Begrenzung, damit das Pferd nicht ausweichen kann.
Überprüfen	Das Spuren des Pferdes auf beiden Händen auf der Zirkellinie beobachten. Das Pferd darf nicht auf mehreren Hufschlägen gehen.
Ausbildungsziel	Beidseitige, gleichmäßige Ausbildung der Muskulatur. Biegung in der gesamten Wirbelsäule, die natürliche Schiefe des Pferdes wird korrigiert. Spätestens hier muss die korrekte Innenstellung des Pferdes möglich sein.

Mit der durchgezogenen Longe verbessern Sie die Längsbiegung.

Das Pferd in Versammlung.

Versammlung

Definition	Deutliches Untertreten und Tragen der Hinterhand, vermehrte Beugung der Hanken, dadurch Aufrichtung der Vorhand bei gleich bleibendem Fleiß.
Erkennen	Der Gang wird kadenzierter. Das Pferd wird durch die größere Aufrichtung kürzer und senkt sich in der Kruppe. Die Bewegungen erscheinen mehr bergauf, die Hinterhand übernimmt Gewicht. Die Vorhand wird entlastet.
Methoden	Zwei- bis dreifacher Gangartwechsel nach oben und unten sowie Tempowechsel, entscheidend sind die Übergänge nach unten. Zirkel verkleinern und vergrößern. Das Pferd wird höher ausgebunden. Die Versammlung ist nur korrekt durch Handarbeit und Doppellonge zu erreichen.
Überprüfen	**Die Selbsthaltung bleibt bei allen Übergängen erhalten, besonders bei zurückgeführtem Tempo-/Gangartwechsel.**
Ausbildungsziel	Der gesamte Bewegungsapparat der Hinterhand ist entsprechend entwickelt. Tragen der Hinterhand, Entlastung der Vorderbeine.

Grundlagen der Bewegungslehre

Um die Bewegungen des Pferdes an der Longe korrekt bewerten zu können, ist das Wissen um die Anatomie und die Vorgänge in der Bewegung eine wichtige Voraussetzung. Hierzu gehören der anatomische Aufbau des Rückens und der Gliedmaßen sowie die Fußfolgen.

Der Aufbau des Rückens

Der Rücken des Pferdes ist aufgebaut wie eine Bogenbrücke auf zwei Stützpfeilern. Diese Wirbelbrücke wird getragen von den Vorder- und Hinterbeinen des Pferdes. Ein aufwändiges System aus Muskeln, Sehnen und Bändern verspannt diese Konstruktion und gibt ihr den nötigen Halt.
Die Hintergliedmaßen des Pferdes sind über das Kreuzdarmbeingelenk fest mit der Wirbelbrücke verbunden. Dieses nur minimal bewegliche Gelenk ist die Verbindung des Kreuzbeins (zusammengewachsene Kreuzwirbel) mit dem Beckenknochen (Darmbein) des Pferdes (Kreuzdarmbeingelenk). Über diese straff bandgeführte Knochenverbindung wird die Schubkraft über den Rücken auf die Vorhand übertragen. Durch die Winkelung der Hinterbeine ist das Pferd in der Lage, mit der Hinterhand Gewicht zu übernehmen und Schubkraft zu entwickeln. Hier hinten sitzt der »Motor« des Pferdes, der für die Vorwärtsbewegung verantwortlich ist. Vermehrtes Versammeln des Pferdes bedeutet eine größere Winkelung der Gelenke – man spricht von der Hankenbeugung (Hüft- und Kniegelenk). Die Vordergliedmaßen des Pferdes sind mit Muskeln und Sehnen mit dem Rumpf verbunden, es besteht keine knöcherne Ver-

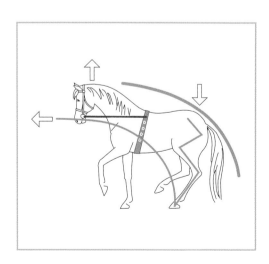

Hankenbeugung.

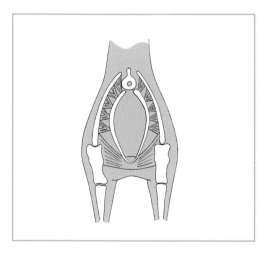

Stoßdämpfer durch freie Aufhängung der Vorhand.

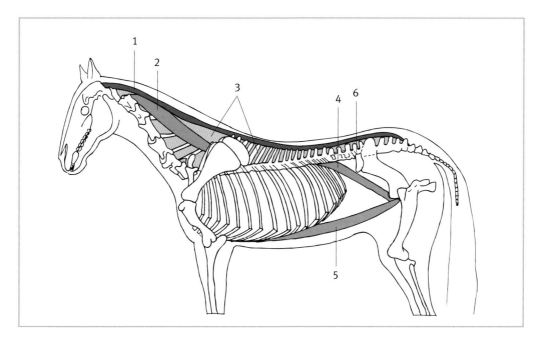

Die wichtigsten Teile des Bewegungsapparates.

bindung (hier vor allen Dingen die säge-
förmige und die Brustmuskulatur). Diese
federnde Aufhängung ist ein sehr guter
Stoßdämpfer, der die Stöße von unten
nach oben ableitet.

In jeder Gangart kommt es zu mehr oder
weniger starken Bewegungen der Wirbelsäule in verschiedene Richtungen. Der Rücken des Pferdes schwingt auf und ab und
bewegt sich nach rechts und links. Diese
Beweglichkeit zu erhalten und zu fördern,
ist die Hauptaufgabe der Gymnastizierung
des Pferdes. So erkennen wir die Losgelassenheit am schwingenden Rücken und
sprechen immer wieder davon, die Längsbiegung des Pferdes zu verbessern.

Eine für diese Schwingungen wichtige
Stelle des Rückens ist der Bereich zwischen

dem Kreuzbein und den Lendenwirbeln, genauer gesagt, dem sechsten Lendenwirbel.
Hier ist die größte Beweglichkeit des Rückens möglich. Besonders im Galopp werden die Auf- und Abwärtsbewegungen der
Wirbelsäule im Sinne von Beugung und
Streckung in diesem Übergang initiiert. Dadurch wird diese Bewegung auf die gesamte Lenden- und Brustwirbelsäule wei-
tergeleitet.

Ein vielfältiger Muskel-, Sehnen- und Band-
apparat verspannt die Wirbel miteinander
und hält sie zusammen. Mehrere Gruppen
des Bewegungsapparates sind hier von
entscheidender Bedeutung:

1. Das Nacken-Rückenband ist am Hinterhauptbein angeheftet und verläuft über
den Hals (Nackenband), Widerrist (wird hier

zum Rückenband) und Rücken bis zum hinteren Teil der Wirbelsäule. Dieser Sehnenstrang ist ab dem Widerrist mit jedem Dornfortsatz der Wirbel verbunden. Geht das Pferd in Dehnungshaltung, werden dadurch die Dornfortsätze der Brustwirbelsäule kopfwärts gezogen, das Rückenfundament hebt sich und der Rücken kann bei aktiver Hinterhand schwingen. Zusätzlich ist die Bauchmuskulatur an dem Anheben des Rückens beteiligt.

Training: ist als Sehnengewebe hier nicht trainierbar.

2. Der Riemenmuskel ist in Verbindung mit den anderen Halsmuskeln für das Heben des Halses und des Rückens verantwortlich. Wenn diese Muskeln auftrainiert wurden, können sie in Verbindung mit der Bauchmuskulatur das Gewicht des Reiters tragen, ohne dass das Pferd dabei Schaden nimmt. Den Riemenmuskel können Sie bei der Innenstellung des Pferdes deutlich erkennen. Geht das Pferd in Aufrichtung, ersetzt diese Muskelgruppe die Wirkung des Nacken-Rückenbandes und zieht die Dornfortsätze der Brustwirbelsäule kopfwärts. Daraus wird ersichtlich, warum diese Tragemuskulatur beim Pferd über längere Zeit korrekt aufgebaut werden muss.

Training: langfristiger Aufbau über intensive Arbeit in korrekter Dehnungshaltung, Lösen des Pferdes vor jeder Arbeitseinheit.

3. Die langen Hals- und Rückenmuskeln sind die längsten Muskeln des Pferdes. Sie bestehen aus verschiedenen Muskelgruppen und gehen in mehreren übereinanderliegenden Schichten vom Kreuzbein über den Rücken, Widerrist und Hals bis zum Hinterhauptbein des Pferdes. Das sind die Muskeln, die Sie rechts und links der Wirbelsäule liegend erkennen können. Sie sind maßgeblich für die Vorwärtsbewegung des Pferdes verantwortlich. **Entgegen weitverbreiteter Meinung tragen diese Muskeln nicht das Reitergewicht.** Sind diese Muskeln verspannt (und damit verkürzt), drückt das Pferd den Rücken nach unten durch, das Schwingen der Oberlinie wird dadurch verhindert.

Training: langfristiger Aufbau über intensive Arbeit in korrekter Dehnungshaltung, Lösen des Pferdes vor jeder Arbeitseinheit.

4. Die Beckengürtelmuskulatur (vor allen Dingen der Darmbein-Lenden-Muskel), die von den hinteren Brust- und Lendenwirbeln zum Becken und Oberschenkel des Pferdes geht, ist in Verbindung mit den Bauchmuskeln für das Vorschwingen der Hintergliedmaßen verantwortlich.

Training: Bodenrickarbeit, Tempowechsel, Arbeiten an Steigungen.

5. Die geraden Bauchmuskeln sind ein sehniger Muskelstrang, der vom Brustbein zum Becken des Pferdes geht. Sie bilden die untere Bauchdecke und verhindern das Durchhängen des Rückens. In Verbindung mit den schrägen und queren Bauchmuskeln halten sie das Gewicht der Eingeweide und bilden die untere Verspannung der Wirbelbrücke. Ein Zusammenziehen dieser Muskeln unterstützt die Aufwölbung des Rückens.

Training: viele Übergänge in den Galopp, Tempowechsel.

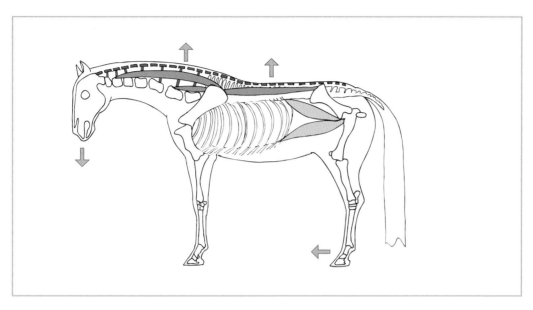

Der Rücken wölbt sich in Dehnungshaltung auf.

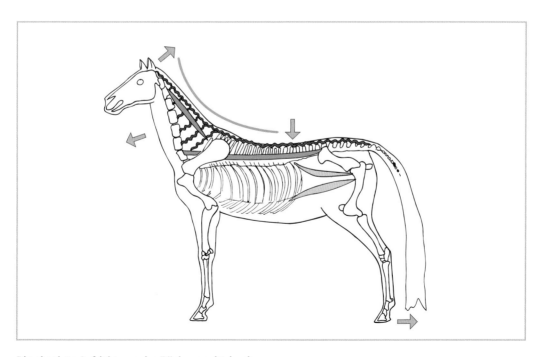

Die absolute Aufrichtung, der Rücken sackt durch.

6. Das Lendenwirbel-Kreuzbeingelenk ist die beweglichste Stelle der hinteren Wirbelsäule.

Wenn Sie sich den Aufbau des Bewegungsapparates ansehen, ist klar zu erkennen, warum ein Pferd in Dehnungshaltung gearbeitet werden muss, um die Tragemuskulatur aufzubauen.

Die Wölbung des Pferderückens können Sie ganz einfach unterstützen, indem Sie Ihrem Pferd täglich einige Stunden Weidegang gönnen. So löst sich die Oberlinie auf ganz natürliche Weise.

Sind keine Verspannungen vorhanden, ist das Pferd frei in der Bewegung seiner Wirbelsäule und lässt sich gut sitzen. Im Laufe der weiteren Ausbildung tritt die Hinterhand des Pferdes immer weiter unter den Schwerpunkt, das Pferd richtet sich auf. Der Versammlungsgrad des Pferdes wird dabei erhöht. Bei dieser sog. relativen Aufrichtung steht der Grad der Aufrichtung relativ zur Aktivität der Hinterhand: je mehr Aktivität, desto mehr Aufrichtung. Der Vorgang ist vergleichbar mit einem Motorboot: je mehr Gas es gibt, desto mehr kommt es vorne aus dem Wasser, auch wenn es dabei zum Beispiel beim Ziehen einer Last nicht schneller wird.
Wird das Pferd allerdings ständig ohne Hilfszügel longiert oder wird zu früh zu stark belastet, drückt es den Rücken nach unten weg und der Abstand zwischen den Dornfortsätzen der Wirbel wird verengt. Das gleiche passiert beim Hochbinden (Longieren)

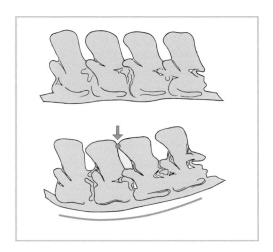

Kissing Spines.

oder Hochziehen (Reiten) des Pferdes mit einem Zügel ohne entsprechende Losgelassenheit und Hinterhandaktivität (absolute Aufrichtung). Auf Dauer kommt es so zu den bekannten »kissing spines«: Diese äußerst schmerzhafte Berührung der Dornfortsätze kann das Pferd für die Arbeit unbrauchbar machen.

Die Funktion des Genicks

Immer sprechen wir davon, dass ein Pferd im Genick gestellt werden soll, was im ersten Gelenk der Halswirbelsäule hinter dem Hinterhauptsbein stattfindet. Dieses Kugelgelenk ist in allen Richtungen beweglich – deswegen wird das Pferd hier gestellt. Wenn es sich in der Arbeit verwirft, ist das die Drehbewegung im Zapfengelenk zwischen erstem (Atlas) und zweitem Halswirbel. Wird das Pferd zu kurz ausgebunden, kommt es zum falschen Knick. Dieser entsteht im Gelenk zwischen dem zweiten und dritten Halswirbel. Alle Fehlstellungen können durch gute Arbeit in Dehnungshaltung korrigiert oder verbessert werden. Das Pferd lernt, den Hals gleichmäßig aufzuwölben und ans Gebiss zu treten.

Die natürliche Schiefe des Pferdes

Fast alle Pferde sind von Natur aus asymmetrisch. Das heißt, dass die linke Seite des Pferdes anders gebaut ist als die rechte Seite. Diese natürliche Schiefe muss das Pferd in der Bewegung ausgleichen. Da die meisten Pferde links schief sind, hat das auf die Arbeit folgende Auswirkungen: Die Muskulatur der linken Seite (das ist die hohle Seite) ist kürzer als die der rechten (das ist die Zwangsseite). Das Pferd kann sich deshalb besser links herum biegen, ist dort einfacher zu arbeiten. Das Pferd fällt an der Longe auf der linken Hand häufig über die äußere Schulter aus und entweicht mit der Hinterhand. Auf der rechten Hand geht es in Außenstellung, spurt dabei aber besser. Die Hinterbeine des Pferdes treten rechts neben die Spuren der Vorderbeine – das Pferd spurt nicht. Es kommt zu unterschiedlichen Schub- und Tragkräften der Hinterhand (siehe Zeichnung).

Mit dem ersten Tag der Arbeit beginnt das Geraderichten des Pferdes. Mit jeder Trainingseinheit wird die natürliche Schiefe weiter korrigiert und der gesamte Bewegungs-

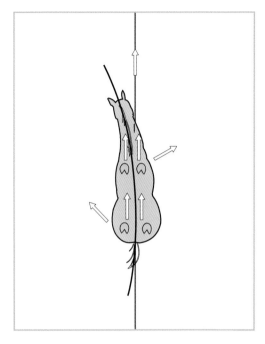

Das linksschiefe Pferd.

apparat (Muskeln, Sehnen, Bänder, Gelenke) des Pferdes gleichmäßiger ausgebildet. Das passiert automatisch, auch wenn Sie nicht ausdrücklich an der Geraderichtung arbeiten. Jedoch muss der Punkt Geraderichtung in der Skala der Ausbildung spätestens dann korrekt erarbeitet sein, wenn Sie beginnen wollen, Ihr Pferd zu versammeln. Erst dann wirken die Schubkräfte auch unter den Schwerpunkt und das Pferd kann seine volle Leistung bringen. Das heißt, dass der gesamte Bewegungsapparat des Pferdes beidseitig gleich entwickelt und gerade ist und symmetrisch schwingt. Dies ist ein Ziel der Ausbildung, das Pferd braucht diese Arbeit ein Leben lang. Bei längerem Ausbleiben dieser Arbeit wird es wieder schief.

Die Fußfolgen und Stützbeinphasen in den Grundgangarten

Um den richtigen Takt des Pferdes zu erkennen und die Gangart beurteilen zu können, ist es wichtig, sich die Fußfolgen in den einzelnen Gangarten genauer anzuschauen. So wird beispielsweise klar, warum das Pferd im Galopp (Einbeinstütze) am wenigsten ausbalanciert ist oder der Schritt eine schwunglose Gangart ist.

Der Schritt (Viertakt)

Der Schritt ist eine schwunglose Gangart, in der immer mindestens zwei Beine den Boden berühren. Er teilt sich in acht Phasen auf, bei denen sich jeweils die Zweibein- und Dreibeinstützen abwechseln. Die Qualität des Schritts ist abhängig vom klaren Viertakt, Raumgriff, von Ungebundenheit

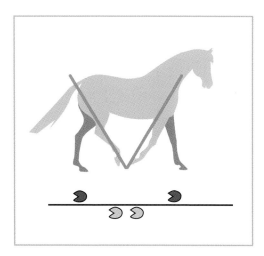

Die hell markierten Hufe befinden sich in der Luft, die dunklen auf dem Boden.

und Fleiß. Das Pferd soll dabei eine deutliche Nickbewegung abwärts zeigen. Es kommt hier hauptsächlich zum Schwingen des Rückens von rechts nach links.
In der Arbeit mit dem Pferd müssen Sie darauf achten, dass der Schritt zwar möglichst fleißig, aber in erster Linie geregelt ist. Häufig werden Pferde zu sehr getrieben, so dass sie eilig und ungeregelt gehen. Dann nickt Ihr Pferd mehr aufwärts und nicht abwärts. Achten Sie darauf, dass sich in der Bewegung ein deutliches V zwischen dem vorfußenden Hinterbein und dem noch hinten befindlichen Vorderbein bildet (in den Phasen 4 und 8 der Zeichnung zu sehen). Das ist ein deutliches Zeichen für den geregelten Schritt. Erst dann macht es Sinn, den Fleiß des Pferdes zu verbessern.
Den guten Schritt muss ein Pferd mitbringen, da er reiterlich kaum zu verbessern ist. Es wird unterschieden zwischen Mittelschritt, starkem und versammeltem Schritt.

Taktfehler

- Das Pferd tritt mit einem Bein kürzer.
- Verzögerung in der Vorwärtsbewegung.
- Ein Bein wird weniger belastet, das Pferd geht lahm.
- Ungeregeltes Schreiten des Pferdes. Ein V ist nicht mehr zu erkennen. Das Vorderbein geht schon nach vorne, wenn das Hinterbein noch nicht vorne ist. Gehen beide Beine gleichseitig und gleichzeitig nach vorne, ist das der Pass.
- Eilen des Pferdes: Der Raumgriff wird kürzer, das Pferd nickt aufwärts.

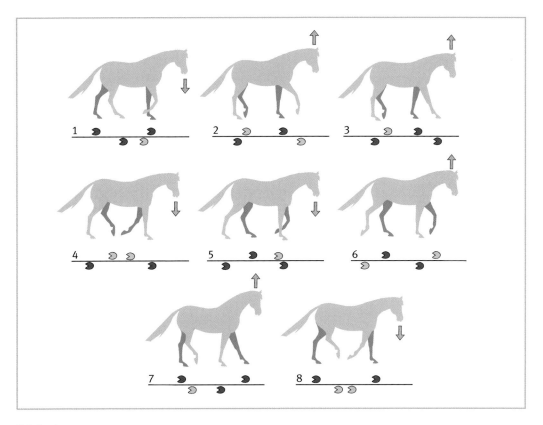

Schrittphasen.

Der Trab (Zweitakt)

Der Trab ist die Gangart, in der das Pferd sehr gut ausbalanciert ist. In dieser symmetrischen, schwungvollen Bewegung fußen die diagonalen Beinpaare immer gleichzeitig auf und ab. Zwischen dem Ab- und wieder Auffußen ist eine Schwebephase. Der Rücken schwingt dabei auf und ab sowie nach rechts und links.

Der Trab soll taktmäßig, raumgreifend und schwungvoll sein. Auch hier gilt es, in der Arbeit immer das für das Pferd in diesem Moment richtige Grundtempo zu finden.

Andernfalls geht das Pferd unter Tempo oder es eilt.

Die Gangmaße sind Arbeitstrab, Tritte verlängern (etwas zulegen), Mittel- und starker Trab sowie versammelter Trab.

Taktfehler

- Kürzer treten.
- Verzögertes Durchschwingen.
- Ein Bein wird weniger belastet, das Pferd nickt dabei (Anzeichen einer Lahmheit).
- Eilen des Pferdes, die Schwebephase wird kürzer.

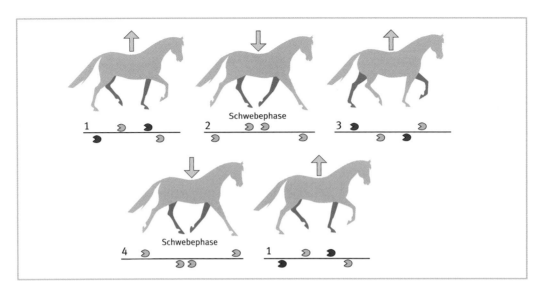

Trabphasen.

Das Pferd im fleißigen, schwungvollen Trab.

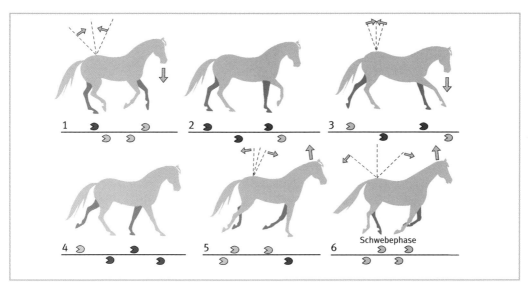

Galoppphasen Rechtsgalopp.

Der Galopp (Dreitakt)

Der Galopp ist eine asymmetrische und schwungvolle Gangart. Man unterscheidet je nach Fußfolge zwischen Handgalopp (landläufig auch Innengalopp genannt), Kreuz- und Außengalopp. Im Handgalopp fußen die inneren Beine weiter vor als die äußeren.

Der Galopp soll im klaren Dreitakt, bergauf gesprungen und raumgreifend sein. Dabei wird von Arbeitstempo, Sprünge verlängern, Mittelgalopp, starkem und versammeltem Galopp gesprochen. Hier kommt es zu einer deutlicheren Bewegung des Rückens nach oben und unten, während die Wirbelsäule seitlich fixiert ist.
Den ausdrucksstarken Galopp können Sie vor allen Dingen über gute Trabarbeit erreichen und verbessern. Allgemein gilt:

Pferde, die einen gut ausgeprägten Schritt haben, galoppieren in der Regel auch gut.

Taktfehler
- Kreuz- oder Außengalopp.
- Viertakt, das diagonale Beinpaar fußt nicht gleichzeitig, sondern nacheinander auf.

Die Einbeinstütze im Galopp.

Die gebräuchlichsten Hilfszügel beim Longieren

Longieren ist vergleichbar mit »Reiten mit Fernsteuerung«. Das bedeutet, dass das Pferd beim Longieren eine Anlehnung an einen Zügel finden muss. Diese Anlehnung wird über einen Hilfszügel hergestellt, von denen es viele verschiedene Ausführungen mit unterschiedlichen Vor- und Nachteilen gibt. Einige Hilfszügel sind problemlos auch von nicht so erfahrenen Longenführern zu gebrauchen, andere sollten nur von Fachleuten verwendet werden. In jedem Fall aber gilt:

Ein Hilfszügel ist immer nur so gut wie derjenige, der ihn anwendet!

Grundsätzlich müssen Sie sich vor dem Longieren eingehend Gedanken machen über den momentanen Ausbildungsstand des Pferdes und daraus resultierend über

das Ziel Ihrer Arbeit. In der Regel verwenden Sie den **Laufferzügel**, da er am flexibelsten einsetzbar ist. Nur in wenigen Ausnahmefällen sollten Sie vorübergehend auf einen anderen Hilfszügel zurückgreifen. Warum soll man überhaupt einen Hilfszügel verwenden? Eine oft gestellte Frage, die einfach zu beantworten ist: Bei der Arbeit ohne Hilfszügel werden Sie keinen gymnastizierenden Erfolg haben. Das Pferd wird dauerhaft gesundheitlichen Schaden nehmen, weil es auf die Vorhand kommt und durch das Herausheben den Rücken wegdrückt. Es gibt nur sehr wenige Ausnahmen, bei denen das vorübergehende Longieren des Pferdes ohne Hilfszügel sinnvoll sein kann.

Die korrekte Verschnallung

Die korrekte Verschnallung dieser Hilfszügel ist ein wichtiges Kriterium für die erfolgreiche Arbeit an der Longe. Sie wird sich sowohl von Tag zu Tag als auch innerhalb einer Arbeitsstunde mehrfach ändern. So erfordert die lösende Arbeit mit dem Pferd eine andere Einstellung als die versammelnden Lektionen. In Höhe und Länge wird der Zügel immer wieder an die momentanen Bedürfnisse des Pferdes angepasst. Viele Pferde müssen auf beiden Händen unterschiedlich ausgebunden werden. Dies zu Beurteilen erfordert einige Erfahrung. In jedem Fall gilt:

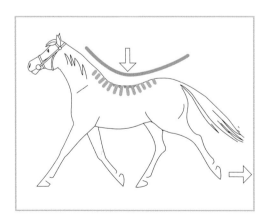

Beim Arbeiten ohne Hilfszügel drückt das Pferd den Rücken weg.

Das Kontrollieren der Hilfszügel.

● Außer bei der lösenden Arbeit sollte das Genick des Pferdes der höchste Punkt sein.
● Die Stirn-Nasenlinie des Pferdes soll vor der Senkrechten stehen.
● Dem Pferd wird mit dem Zügel die Möglichkeit gegeben, sich auf die Zirkellinie einzustellen.

In den folgenden Kapiteln wird immer wieder auf die entsprechende Verschnallung der Hilfszügel eingegangen, die für die beschriebene Art der Arbeit am sinnvollsten ist.

Kontrollieren der richtigen Länge

Die richtige Länge wird immer vor dem Herauslongieren kontrolliert. Dazu stellen Sie sich vor das Pferd und greifen mit den Fingern rechts und links an das Gebiss (nicht nur an die Gebissringe). Ziehen Sie nun beide Gebissringe zu sich heran, bis beide Zügel gleich stramm sind. Wenn das Genick der höchste Punkt ist, muss die Stirn-Nasenlinie vor der Senkrechten stehen. So kontrollieren Sie auch die Länge beider Zügel. In der Regel wird das Pferd innen ein wenig kürzer ausgebunden (ungefähr zwei bis drei Löcher), damit es sich auf die Zirkellinie einstellen kann. Überprüfen Sie die Stellung der Zügel immer mit ausgestreckten Armen, damit Sie nicht verletzt werden, wenn das Pferd dabei mit dem Kopf schlägt.

Die Stirn-Nasenlinie korrekt vor der Senkrechten.

Entscheidend ist, dass Sie die korrekte Einstellung der Hilfszügel nach dem Herauslongieren in der Gangart beurteilen, in der Sie hauptsächlich arbeiten wollen. Im Schritt können Sie nicht erkennen, ob die Länge, Höhe oder Stellung beispielsweise für den Trab geeignet ist. Erst in der Trabarbeit sehen Sie, ob sinnvolles Longieren möglich ist.

Haben Sie dabei den Eindruck, die Hilfszügel sind nicht korrekt eingestellt, müssen Sie das unbedingt korrigieren. Auch wenn bei der vorherigen Kontrolle in der Zirkelmitte noch alles gut aussah, ist einzig und alleine das Pferd in der Bewegung ausschlaggebend. Die Position von Stirn-

Nasenlinie und Genick ist dabei relativ leicht zu erkennen. Die korrekte Stellung des Pferdes allerdings ist aus der Zirkelmitte nicht so leicht zu beurteilen. Wenn Sie die Stirn des Pferdes nicht sehen können, ist das Pferd in Außenstellung. Die entscheidende Frage ist dann: Haben Sie Ihr Pferd nach außen gestellt oder stellt sich das Pferd von selbst nach außen? Wenn Sie den äußeren Gebissring von innen sehen können, wie er bei jedem Trabtritt nach hinten gezogen wird, haben Sie das Pferd nach außen gestellt. Der äußere Zügel ist immer stramm, der innere ist locker. Das müssen Sie korrigieren, unabhängig davon, wie viele Löcher Sie gezählt

Das Pferd in Außenstellung.

haben oder was Sie im Stand bei der Kontrolle der Zügel gesehen haben. Wenn der äußere Zügel aber locker ist, stellt sich das Pferd von selbst nach außen und Sie müssen die Stellung in der weiteren Ausbildung über die Longe erarbeiten. **Niemals wird das Pferd mit dem inneren Zügel nach innen gestellt (oder sollte man besser sagen: »gezogen«).**

Wenn Sie sich nicht sicher sind, lassen Sie gegebenenfalls jemand anderen longieren und schauen Sie sich Ihr Pferd von außen an:

● Der äußere Zügel bietet dem Pferd zwar eine Anlehnung, er begrenzt aber nicht die Möglichkeit des Pferdes, sich auf die Zirkel-

linie einzustellen (sonst ist er zu kurz und stellt das Pferd nach außen).

● Der innere Zügel gibt dem Pferd zwar die Möglichkeit, eine Anlehnung zu finden, es wird aber nicht ständig durch den Zügel nach innen gezogen (sonst ist er zu kurz). Ziel ist die gleichmäßige Anlehnung an beide Zügel, unabhängig von der wirklichen Stellung des Pferdes im Genick. Gehen Sie dann wieder in die Zirkelmitte und vergleichen Sie das von außen Gesehene mit dem Bild aus der Mitte. So sammeln Sie Erfahrung und sind in der Lage, die korrekte Verschnallung auch von innen zu erkennen. Jedoch darf die Tatsache, dass ein Zügel durchhängt, nie der Grund dafür sein, die

Verschnallung zu verändern. Beobachten Sie immer die Stellung der Stirn-Nasenlinie, die Höhe des Genicks und den für dieses Pferd richtige Grad der Stellung. Dies alleine sind die Kriterien für die Beurteilung

Der Laufferzügel zum Lösen ...

... und in natürlicher Aufrichtung.

eines Zügels. Es ist natürlich geschickt, sich für die nächste Trainingseinheit die Verschnallung der Zügel, also die Zahl der Löcher und Höhe der Zügel, zu merken. So beginnen Sie die Arbeit mit einem Zügelmaß, welches beim letzten Training gut war. Aber natürlich schauen Sie sich Ihr Pferd immer wieder an und beurteilen den Zügel neu. Im Folgenden werden die gebräuchlichsten Zügel vorgestellt, Korrekturzügel werden weiter hinten beschrieben.

Der Laufferzügel

Der am besten geeignete Hilfszügel ist der Laufferzügel. Er besteht aus zwei einzelnen Lederriemen mit einer Schnalle an jedem Ende, wovon die eine in der Länge verstellbar ist. Wenn in der Mitte eine Kordel eingearbeitet ist, ist der Zügel noch leichter und gleitet gut durch die Gebissringe. Die kurze Schnalle wird unten befestigt. Der Zügel wird dann von außen nach innen durch die Gebissringe gezogen und wieder seitlich befestigt. So entsteht ein seitliches Dreieck, das je nach Ziel der Arbeit in der Höhe und Größe variierbar ist.

Der Laufferzügel ist je nach Verschnallung für das Lösen eines Pferdes ebenso geeignet wie für das Verbessern von Anlehnung oder Schwung. Zum Lösen und zur Verbesserung der Längsbiegung wird der Zügel tief und etwas länger verschnallt. Mit fortschreitender Ausbildung schnallen Sie den Zügel **nach der Lösungsphase** höher und kürzer. Der Vorteil ist, dass das Pferd an dem Zügel vorwärts-abwärts in Dehnungshaltung gleiten kann, ohne mit der Stirn-

Nasenlinie hinter die Senkrechte zu fallen – im Gegensatz zum Ausbinder. Außerdem ist der Laufferzügel starr. Das Pferd kann sich also vom Gebiss abstoßen und hat eine gute seitliche Führung. Liegen beide Enden eines Zügels auf gleicher Höhe, wirkt das übrigens wie ein Ausbinder.

Der Dreiecks- oder Wienerzügel

Beim Dreieckszügel, auch Wienerzügel genannt, wird der Lauffer- oder Schlaufzügel zwischen die Vorderbeine verschnallt und läuft von innen nach außen durch die Gebissringe zurück zum Gurt. Damit bildet er ein Dreieck, das aber tiefer liegt als das des Laufferzügels.

Der Dreieckszügel hat jedoch zwei Nachteile gegenüber dem Laufferzügel: zum einen ist die seitliche Führung des Pferdes nicht so gut. Viele Pferde drängen damit über die äußere Schulter und kippen im Hals am Widerrist ab. Zum anderen kann man häufig feststellen, dass sich die Pferde auf Grund des Druckes, der durch den Dreieckszügel von sehr weit unten kommt, nach oben entziehen. Pferde sind Gegendrucktiere, sie reagieren auf Druck mit Gegendruck. Wenn die Pferde dann aber locker werden und den Hals fallen lassen, kommen sie häufig zu tief. Man kann dann beobachten, dass das Pferd entweder oben am Zügel (zu hoch) oder unten am Zügel (zu tief) eine Anlehnung findet, jedoch nicht in der Höhe (Buggelenk), in der es nach dem Lösen eigentlich gehen soll. Ich verwende den Dreieckszügel deshalb fast nie.

Das Pferd kommt mit dem Dreieckszügel über die äußere Schulter.

Der einfache Ausbinder

Der gebräuchlichste Hilfszügel ist der einfache Ausbinder. Dieser Lederriemen hat einen Haken an dem einen und eine verstellbare Schnalle am anderen Ende. Oftmals ist noch ein Gummiring in der Mitte eingearbei-

Der einfache Ausbinder.

tet. Der Ausbinder hat einige mit dem Laufferzügel vergleichbare Vorteile: gute seitliche Führung und ohne Gummiringe ein starrer Zügel. Zum Lösen eines Pferdes sind diese Ringe weniger von Bedeutung als zum Verbessern der Anlehnung. Hier wird ein Abstoßen des Pferdes vom Gebiss erschwert. Außerdem ist dieser Gummiring relativ schwer und empfindliche Pferde treten nicht an den Zügel, weil er in der Bewegung schlägt. (Nach meiner Erfahrung ist der Gummiring für die wenigsten Pferde gut). Der entscheidende Nachteil des Ausbinders ist jedoch, dass er zwar eine Abwärts-, aber dabei keine Vorwärtsbewegung des Pferdekopfes ermöglicht. Will sich das Pferd nach vorwärts-abwärts dehnen, wird es begrenzt

und fällt mit der Stirn-Nasenlinie hinter die Senkrechte.

Die Zügel als einfacher Ausbinder verschnallt

Anstelle des einfachen Ausbinders können Sie auch die Zügel der Trense seitlich an den Longiergurt verschnallen. Der Nachteil ist hier jedoch, dass Sie durch das Verknoten die passende Länge schwieriger finden können und häufig wieder korrigieren müssen.

Vier grundsätzliche Dinge
● Ziehen Sie Ihr Pferd nicht mit dem Zügel nach unten. Bei festen Pferden sollte der Befestigungspunkt am Gurt nicht tiefer sein als die Gebissringe in der Gangart, in der

Sie in der jeweiligen Phase arbeiten wollen. Druck des Zügels von unten erzeugt Gegendruck des Pferdes nach oben.

● Das Korrigieren der Länge um nur ein oder zwei Loch bringt kaum eine Veränderung, weil die Hilfszügel im Ring am Longiergurt umgelenkt werden. Der Lauffer- und Dreieckszügel wird zusätzlich noch einmal im Gebissring umgelenkt. Dadurch ergibt sich beim Verkürzen um vier Loch eine effektive Längenänderung des Zügels von nur einem Loch (Flaschenzugprinzip).

● Änderungen um ein paar Zentimeter in der Höhe können jedoch schon sehr viel bewirken. Deshalb darf sich das Verändern

der Zügel in der Höhe nicht nur an den Ringen am Gurt orientieren. Ziehen Sie den Zügel eventuell unter dem Gurt her und stellen Sie dann die optimale Höhe unabhängig von den Ringen ein.

● Hat der Zügel für das Pferd die falsche Länge, müssen Sie sich etwas einfallen lassen, um die korrekte Länge zu erhalten. So wird der Zügel bei Überlänge am Gurt verknotet oder bei zu kurzem Zügel mit einem Sporenriemen oder ähnlichem verlängert.

Grundsätzlich darf es die Ausrede »Geht nicht« nicht geben!

Ist das Lederende des Zügels sehr lang, knoten Sie es am Gurt fest. So schlägt es nicht.

Über die äußere Schulter ...   ... zu eng.

Fehler erkennen und korrigieren

Reaktion des Pferdes	Häufige Fehler	Verbessern
Das Pferd geht ständig hinter der Senkrechten.	Die Zügel sind zu kurz verschnallt.	Die Stirn-Nasenlinie muss vor der Senkrechten stehen: Verlängern Sie den Zügel.
	Das Pferd hat nicht gelernt, die Anlehnung zu suchen.	Auch wenn die Zügel nicht anstehen, müssen sie verlängert werden. Die Anlehnung muss erarbeitet werden.
	Der Zügel ist zu schwer und schlägt in der Bewegung.	Verwenden Sie einen leichten Zügel.
Das Pferd geht nicht in Dehnungshaltung	Das Pferd ist nicht genügend gelöst.	Die Dehnungshaltung ist das Zeichen für ein gelöstes Pferd: Lösen Sie es intensiver.
	Der Zügel ist zu tief verschnallt. Druck des Zügels von unten erzeugt Gegendruck nach oben.	Anfangs etwas höher ausbinden, wenn es gelöst ist wieder tiefer.

Das Pferd ist mit dem Zügel nach außen gestellt, Sie sehen den Gebissring.

Der hoch verschnallte Ausbinder.

Reaktion des Pferdes	Häufige Fehler	Verbessern
Das Pferd geht ständig über dem Zügel.	Die Zügel sind zu lang verschnallt, das Pferd findet keine Anlehnung.	Verkürzen Sie die Zügel. Geben Sie dem Pferd die Chance, eine Anlehnung zu finden.
	Das Pferd ist nicht gelöst.	Lösen Sie das Pferd durch intensive Arbeit und ziehen Sie es nicht mit dem Zügel herunter.
Das Pferd geht in Außenstellung.	Der äußere Zügel ist zu kurz, er steht stramm an ⇒ Beim Handwechsel die vorherige Stellung nicht korrigiert?	Kontrollieren Sie bei jedem Handwechsel die Stellung des Pferdes. Beurteilen Sie die Stellung des Pferdes in der Bewegung direkt nach dem Herauslongieren.
	Das Pferd stellt sich von selbst nach außen.	Stellt sich das Pferd von selbst nach außen, keine Korrektur über die Zügel!

Verschiedene Lektionen an der Longe

Um Ihr Pferd zielgerichtet auszubilden und abwechslungsreich zu arbeiten, können Sie verschiedene Lektionen anwenden. Diese haben genau wie beim Reiten unterschiedliche Auswirkungen auf das Pferd und können es bei richtiger Anwendung weiter in der Ausbildung fördern. Ziel ist es nicht, dass das Pferd die Lektionen erlernt. Sie können mit diesen Lektionen aber die Ausbildung des Pferdes unterstützen.

Zirkel verlagern

Zum Verlagern des Zirkels gehen Sie auf einer geraden Linie parallel mit dem Pferd mit. Je nach Anlehnung des Pferdes gehen Sie dabei etwas früher oder später los. Steht das Pferd noch nicht sicher an der Hand, gehen Sie früh los. Dabei sind Sie in Kopfhöhe des Pferdes, es geht so besser geradeaus. In dem Moment, in dem Sie das

Sie gehen geradeaus mit dem Pferd mit.

Pferd überholt und wieder den Kreisbogen einschlagen will, bleiben Sie stehen und treiben es heraus, so dass es weiter geradeaus und an die Hand herangeht. Ist die Anlehnung schon gefestigt, können Sie weiter hinten, also in Höhe von Gurt oder Hinterhand, mitgehen. So haben Sie eine bessere treibende Position zum Pferd.

Anwendungsfälle

- Das Pferd lernt, an der Longe geradeaus zu gehen.
- Verbessern der Anlehnung.
- Steigern der Aufmerksamkeit des Pferdes.
- Tritte und Sprünge verlängern auf geraden Linien.
- Durchparieren auf geraden Linien.

Zu beachten

- Die Lektion ist nicht umso besser, je mehr Schritte Sie machen, sondern je konsequenter das Pferd geradeaus geht. Meistens reichen wenige Schritte aus.
- Gehen Sie mit großen, zügigen Schritten mit dem Pferd mit (nicht laufen, das bringt Unruhe in die Arbeit). Das animiert das Pferd, auch fleißig zu gehen.
- Gehen Sie während des Verlagerns geradeaus auf einer geraden Linie mit Blick nach vorne. Wenn Sie einen Kreisbogen laufen, wird das Pferd nicht geradeaus laufen.
- Gehen Sie nicht auf das Pferd zu. So werfen Sie die Anlehnung weg. Gehen Sie immer parallel mit dem Pferd mit.
- Das Pferd muss bei der Lektion im Takt bleiben. Das Verlagern des Zirkels eignet

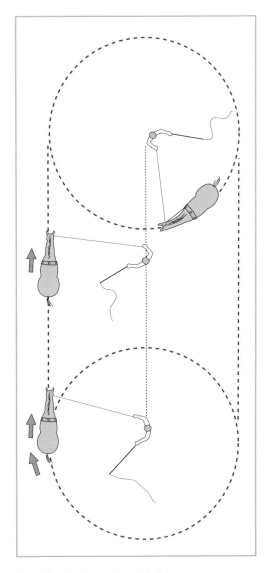

Korrektes Verlagern des Zirkels.

sich zwar gut für Verstärkungen, diese müssen Sie aber einfordern.
- Um das Pferd an die Lektion zu gewöhnen, sollten Sie anfangs nur wenige Schritte mitgehen.

Zirkel verkleinern und vergrößern durch Aufnehmen der Longe

Das Verkleinern und Vergrößern des Zirkels, welches zum Gymnastizieren des Pferdes hervorragend geeignet ist, sollten Sie erst dann anwenden, wenn das Pferd gelöst oder zumindest erwärmt ist (nach 10 Minuten Schrittarbeit noch mindestens 10 Minuten Trab- und Galopparbeit). Zum Verkleinern des Zirkels gehen Sie auf das Pferd in

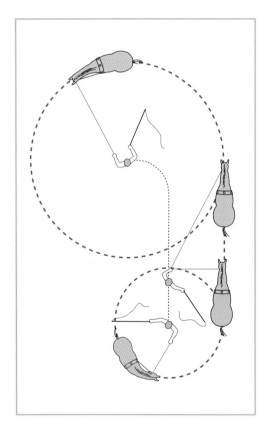

Zirkel verkleinern und vergrößern durch Aufnehmen und Herauslassen der Longe.

Richtung Hinterhand zu und nehmen die Longe dabei korrekt auf. Es besteht eine ständige Verbindung zum Pferdemaul, die Peitsche bleibt dabei hinter dem Pferd. Dann bleiben Sie stehen und longieren das Pferd auf einem kleineren Zirkel um sich herum.

Zum Vergrößern gehen Sie folgendermaßen vor:

● Gehen Sie zuerst ein paar Schritte geradeaus mit dem Pferd mit, wie beim Verlagern des Zirkels.

● Bleiben Sie dann stehen und lassen Sie die Longe ohne Widerstand gleichmäßig aus Ihrer Hand herausgleiten. Treiben Sie das Pferd mit der Peitsche von hinten vorwärts-seitwärts.

● Kurz bevor die letzte Schlaufe herausgelassen würde, wenden Sie Ihr Pferd auf die Zirkellinie ab.

Anwendungsfälle

● Verbessern der Anlehnung.

● Verbessern der Längsbiegung und Elastizität.

● Verbessern von Schubkraft und Tragkraft durch den dauernden Wechsel zwischen Tragen und Schieben auf der kleinen und großen Linie.

Zu beachten

● Longieren Sie nur wenige Runden auf kleinen Linien, da hierbei die Belastung der Pferdebeine höher ist. Das Pferd setzt das Bein auf, der Körper des Pferdes bewegt sich auf dem Kreisbogen weiter und das auf dem Boden stehende Bein wird dadurch gedreht. Diese Drehbewegung ist dauerhaft schädlich für die Gelenke. Je kleiner der Zirkel, desto größer die Drehbewegung.

● Das Pferd muss immer im Takt bleiben. Verkleinern Sie den Zirkel nur so weit, wie das Pferd dabei im Takt bleibt.

● Der Zirkel darf nur so klein gewählt werden, dass das Pferd nicht deutlich mit der Hinterhand ausweicht. Geringes Ausweichen kann vorübergehend toleriert werden. Am besten wirkt die Lektion in einer Ecke, da das Pferd an den Begrenzungen nicht mit der Hinterhand ausweichen kann.

● Das Pferd nimmt auf dem kleinen Zirkel mit der Hinterhand Gewicht auf. Deshalb darf es im Tempo zurückkommen, aber genauso aktiv weitertraben oder galoppieren.

● Je weniger sich das Pferd auf dem kleinen Zirkel in die Kurve legt, desto höher ist der Versammlungsgrad. Legt es sich stark in die Kurve, ist der Zirkel zu klein.

● Beim Vergrößern soll sich das Pferd möglichst auf einer geraden Linie direkt die gesamte Longe nehmen. Treiben Sie das Pferd dabei aktiv mit der Peitsche von hinten vorwärts-seitwärts. Das können Sie mit Tempoverstärkungen verbinden. Legen Sie aber nicht jedes Mal zu, sonst gewöhnt sich das Pferd daran und legt immer von selbst zu.

● Beim Vergrößern des Zirkels lassen Sie die Longe nicht über die Peitschenhand heraus – sonst sind Sie nicht mehr in der Lage, mit der treibenden Peitschenhilfe zu arbeiten. Lassen Sie die Longe einfach aus der Longenhand herausgleiten.

Das Arbeiten auf kleinen Linien verbessert die Längsbiegung.

Zirkel verkleinern und vergrößern mit aufgenommener Longe

Damit Sie bei der Arbeit dichter am Pferd sind, können Sie nach dem Longieren auf kleinen Linien den Zirkel vergrößern, indem Sie mit aufgenommener Longe auf geraden oder gebogenen Linien mit dem Pferd mitgehen. Das Pferd geht dabei auf einem größeren Kreisbogen, Sie sind aber dicht bei ihm. Durch abwechselndes Gehen oder Stehen verändern Sie die Größe des Zirkels. Dies erfordert ein hohes Maß an Konzentration und Koordination. Sie müssen beim Gehen sehr geschickt sein, vor allen Dingen dürfen Sie nicht in Richtung Pferd gehen. Wenn Ihr Pferd nicht mehr genügend auf die lange Peitsche reagiert, weil Sie auf der kurzen Entfernung mit dem Schlag nicht mehr touchieren können, nehmen Sie eine

kürzere Longierpeitsche. Wenn nötig, touchieren Sie das Pferd in dem Moment, in dem das innere Hinterbein vortritt. So erreichen Sie ein weiteres Vortreten und somit ein höhere gymnastizierende Wirkung.
Bei dieser Lektion gelten die gleichen Kriterien wie beim Verkleinern und Vergrößern mit Aufnehmen und Herauslassen der Longe.

Anwendungsfälle

● Für schnellere Wechsel zwischen Trag- und Schubkraftentwicklung.

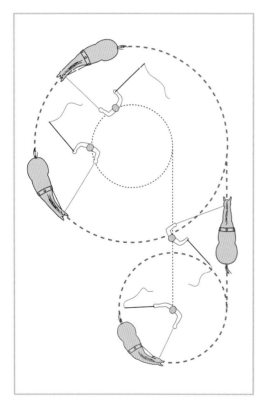

Zirkel verkleinern und vergrößern mit aufgenommener Longe.

● Für Pferde, die immer in den Zirkel drängen.
● Für Pferde, die ständig wegeilen und sich so der Arbeit entziehen.
● Für das Verbessern des Gehorsams: durch den geringeren Abstand mehr Dominanz zum Pferd.

Übergänge zwischen und in den Gangarten

Das Longieren von korrekten Übergängen ist, wie beim Reiten auch, eine der wichtigsten aber schwierigsten Lektionen. Der gymnastizierende Wert gut herausgearbeiteter Übergänge zwischen oder in den Gangarten kann nicht hoch genug bewertet werden. Es reicht nicht aus, dass Ihr Pferd irgendwie in den Trab oder Galopp kommt oder irgendwann schneller oder langsamer wird – **ganz ähnlich wie beim Reiten.**
Das heißt für Sie an der Longe, dass ein Hauptbestandteil Ihrer täglichen Arbeit darin besteht, die Gangartwechsel und Tempowechsel zu verbessern. Sie erhöhen damit die Durchlässigkeit des Pferdes auf Ihre Hilfen und trainieren so den gesamten Bewegungsapparat. Das ist aber nur mit einer konsequenten Hilfengebung und gutem Auge für die Bewegungen möglich. Die Übergänge nach oben sind dem Pferd relativ einfach beizubringen, da es die treibende Hilfe beim richtigen Umgang mit der Peitsche recht schnell versteht. Somit sind zum Beispiel Wechsel über zwei Gangarten (Halten–Trab, Schritt–Galopp) auch ein rea-

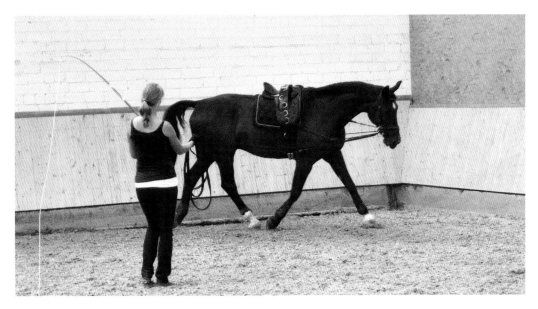

Kleiner Zirkel in der Ecke.

listisches Ziel der Arbeit. Die Übergänge nach unten sind jedoch viel schwieriger auszuführen. Wie anfangs schon erwähnt, ist man als Longenführer an der einfachen Longe in seinen Möglichkeiten begrenzt, eine korrekte Parade im Sinne der Reitlehre zu geben. Das Nachtreiben mit der Peitsche beim Durchparieren ist nicht vergleichbar mit dem Treiben durch Schenkel und Gewicht beim Reiten.

Ich bin aber davon überzeugt, dass Sie alle Übergänge Ihres Pferdes durch bewusstes Beobachten und kritisches Betrachten der eigenen Hilfengebung an der einfachen Longe wesentlich verbessern können.

Inwieweit es möglich ist, Ihr Pferd beispielsweise korrekt vom Galopp zum Schritt zu bringen, hängt in hohem Maße von der Sensibilität des Pferdes, der Intensität der Arbeit und der Ausbildung unter dem Reiter ab. Nicht für jedes Pferd ist das ein realistisches Ziel des Longierens. So können Sie Ihr Pferd gegebenenfalls über zwei Gangarten antreten (anspringen) lassen und es vom Galopp über den Trab zum Schritt und Halten durchparieren.

Sie sollten aber unbedingt über das Wissen verfügen, wie korrekte Übergänge aussehen und wie man sie erreicht. Das hilft Ihnen, der Idealvorstellung auch beim Reiten näherzukommen.

Mehrere Kriterien sind für alle Übergänge wichtig:

● Für korrekte Übergänge muss das Pferd eine Anlehnung an die Longe haben. Das ist nicht nur zum Übergang nach unten entscheidend, damit Sie das Pferd zurücknehmen können, sondern auch beim Wechsel nach oben. Ohne anstehende Longe fehlt der Gegenpol zur treibenden Hilfe. Sie können das Pferd nicht mit der nötigen positiven Spannung antreten oder anspringen lassen.

● Durch das Aufforderungskommando erwartet das Pferd Ihre anschließende Hilfe für den Übergang. So bereiten Sie sich und das Pferd entsprechend vor.

● Das konsequente Ausführungskommando muss dem Pferd unmissverständlich deutlich machen, was Sie von ihm wollen.

● Das Pferd muss bei den Übergängen locker und spannungsfrei bleiben. Es darf kein Herausheben, Wegrennen, Auseinanderfallen oder Erschrecken geben.

● Der Takt spielt bei den Übergängen die entscheidende Rolle. Vor und nach dem Wechsel muss das Pferd sofort wieder im Takt sein. Der Übergang ist kein Bruch in der Bewegung, er stellt die harmonische Verknüpfung zwischen zwei Gangarten oder verschiedenen Tempi dar.

● Das Pferd muss die Longenhilfen annehmen, ohne die Haltung zu verändern, das Maul aufzumachen oder zu sperren.

● Diese Anforderungen sind nur mit einem losgelassenen Pferd möglich. Je ungelöster das Pferd, desto vorsichtiger müssen Sie die Übergänge ausführen. Bei zu energischem Antraben oder Angaloppieren macht es sich fest und hebt sich raus, beim deutlichen Durchparieren kommt es auf die Vorhand.

Das Pferd springt bergauf nach dem Angaloppieren.

Gangartwechsel nach oben

Das Pferd muss direkt auf Ihre Hilfen reagieren. Es tritt oder springt sofort in dem Takt an, in dessen Gangart es wechseln soll. Zum Beispiel tritt das diagonale Beinpaar vor, wenn Sie aus dem Halten antraben wollen. Dabei geht es nicht über ein oder zwei Schritte. Sie erkennen ein richtiges Anschieben aus der Hinterhand, bei dem sich das Pferd nicht heraushebt. Nach dem Antreten oder Anspringen ist es umgehend in einem fleißigen, geregelten Tempo und braucht nicht erst eine halbe Runde zum »Einlaufen«.

Gangartwechsel nach unten

Für den korrekten Wechsel nach unten muss das Pferd auf die gleichzeitige Stimm- und Longenhilfe mit der Hinterhand Gewicht aufnehmen. Es senkt sich hinten ab, Sie erkennen ein vermehrtes Untertreten der Hinterbeine, und es richtet sich vorne auf. Mit der treibenden Peitschenhilfe soll dieses Untertreten der Hinterhand unterstützt werden.

Wenn das Pferd sich dabei auf den Zügel legt und Sie den Eindruck haben, dass es vorne herüberfällt, ist der Übergang schlecht ausgeführt. Sie können dann auch beobachten, dass das Pferd die Vorderbeine in den Boden streckt, um das Gewicht vorne abzufangen.

Im Tempo zulegen

Longieren Sie die Verstärkungen anfangs auf geraden Linien. So wirkt die Schubkraft gerade unter den Schwerpunkt des Pfer-

Das Pferd kommt beim Durchparieren auf die Vorhand.

des. Erst in der weiteren Ausbildung können Sie auch auf dem Kreisbogen zulegen. Das erfordert aber schon eine erhöhte Balance vom Pferd.

Auch beim Zulegen muss das Pferd auf Ihre treibenden Hilfen direkt antreten oder anspringen. Dieses Antreten ist entscheidend, nicht das anschließende höhere Tempo in der Gangart. Sie erkennen deutlich den Impuls aus der Hinterhand. Die Schwebephase im Trab oder Galopp wird verlängert, das Pferd tritt oder springt über mehr Boden. So können Sie im Trab erkennen, dass die Hinterbeine weiter über die Spur der Vorderbeine hinweg fußen. Die Grenze zum Eiligen wird überschritten, wenn nur noch eine schnellere Abfolge pro Zeit von Tritten und Sprüngen erfolgt. Die Schwebephase wird wieder kürzer. Sehr hilfreich sind Trabverstärkungen, wenn Sie das

Tempo des Pferdes zurückführen bis kurz vor dem Durchparieren zum Schritt, um daraus wieder antreten zu lassen.

Das Tempo zurücknehmen

Vor allen Dingen beim Zurücknehmen erkennt man die Qualität der Hilfengebung. Das Pferd muss wie beim Gangartwechsel nach unten die Hilfen direkt umsetzen, im Tempo zurückkommen. Dabei richtet es sich auf, die Hinterhand schiebt unter den Schwerpunkt, senkt sich und nimmt somit Gewicht auf. Auch hier ist der Wechsel des Tempos entscheidend, das Pferd soll nicht »auslaufen« sondern direkt zurückkommen. Das Zurückführen des Tempos müssen Sie demnach mit treibenden Hilfen unterstützen.

Fehler erkennen und korrigieren

Reaktion des Pferdes	Häufige Fehler	Verbessern
Die Anlehnung beim Verlagern des Zirkels geht verloren.	Beim Verlagern gehen Sie nicht geradeaus, sondern auf das Pferd zu.	Üben Sie das Verlagern, indem Sie zuerst nur wenige Schritte geradeaus gehen. Machen Sie sich eine Linie in den Boden, an der Sie entlanggehen.
Das Pferd verliert den Takt auf kleinen Linien.	Die Zirkellinie ist zu klein, das Pferd kann sich nicht ausbalancieren.	Zum Lösen großen Zirkel anlegen. Verkleinern Sie den Zirkel nur so weit, wie das Pferd im Takt bleibt.
Das Pferd verliert den Takt beim Verlagern des Zirkels.	Sie laufen zu hektisch mit.	Gehen Sie anfangs nur ein oder zwei vorsichtige Schritte in eine Richtung und steigern Sie das langsam.
	Das Pferd hat das Verlagern noch nicht erlernt.	
Das Pferd weicht auf der kleinen Linie mit der Hinterhand aus.	Die Zirkellinie ist zu klein, das Pferd kann sich nicht genügend biegen und ausbalancieren.	Vorübergehendes geringes Ausweichen ist akzeptabel, Longieren Sie in einer Ecke.
Das Pferd kommt beim Durchparieren auf die Vorhand.	Fehlende Vorbereitung des Pferdes.	Bereiten Sie Ihr Pferd deutlicher vor und warten Sie dann einen Moment.
	Zu energische Stimmhilfe.	Variieren Sie Ihre Stimmhilfe deutlicher.
	Die Peitsche wird zum Durchparieren nach vorne genommen.	Halten Sie die Peitsche hinten zum Nachtreiben.

Reaktion des Pferdes	Häufige Fehler	Verbessern
Das Pferd fällt beim Aufnehmen des Tempos aus.	Die treibende Hilfe fehlt.	Treiben Sie mit der Peitsche weiter und parieren Sie mit der Longenhilfe durch. Wenig Stimme verwenden.
Das Pferd galoppiert an beim Verlängern der Tritte.	Das Pferd ist nicht genügend gelöst.	Lösen Sie Ihr Pferd bevor Sie fleißigere Übergänge fordern.
	Das Pferd wird nicht genügend vorbereitet.	Bereiten Sie Ihr Pferd mit Stimme und Peitsche vor, warten Sie dann einen Moment.
	Die Hilfe zum Verlängern der Tritte bzw. Sprünge ist zu energisch.	Variieren Sie die Intensität Ihrer Hilfen.
Das Pferd reagiert hektisch beim Antraben bzw. Angaloppieren.	Das Pferd wird nicht genügend vorbereitet.	Bereiten Sie Ihr Pferd mit Stimme und Peitsche vor, warten Sie dann einen Moment.
	Die Hilfe zum Antraben bzw. Angaloppieren ist zu energisch.	Variieren Sie die Intensität Ihrer Hilfen.
Das Pferd macht sich fest beim Antraben bzw. Angaloppieren.	Das Pferd ist nicht genügend gelöst.	Lösen Sie Ihr Pferd. bevor Sie fleißigere Übergänge fordern.
	Das Pferd wird nicht genügend vorbereitet.	Bereiten Sie Ihr Pferd mit Stimme und Peitsche vor, warten Sie dann einen Moment.
	Die Hilfe zum Antraben bzw. Angaloppieren ist zu energisch.	Variieren Sie die Intensität Ihrer Hilfen.
Das Pferd drängt beim Übergang nach außen.	Das Pferd ist nicht genügend gelöst.	Gehen Sie beim Antraben bzw. Angaloppieren an eine Abgrenzung.

71

Bodenrickarbeit

Die Arbeit mit Bodenricks ist eine sehr gute Unterstützung, Pferde zu gymnastizieren. Richtig angewandt, ist sie in der Ausbildung überaus hilfreich. Gerade in Bezug auf die Gewöhnungsphase, also das Festigen von Takt und Losgelassenheit, können Sie mit Bodenricks viel erreichen.

Zur Auswahl von Material und Aufbau ist es entscheidend, was Ihre Ziele sind. So werden für die Gewöhnung des jungen Pferdes nur ein oder zwei Bodenricks parallel zueinander gelegt. Für die Verbesserung der Hinterhandaktivität hingegen kann man durchaus auch acht Stück verwenden, die fächerförmig gelegt werden.

Jedoch ersetzt das Longieren über Bodenricks nicht die intensive Arbeit mit dem Pferd. Es ist lediglich eine Ergänzung. Flechten Sie also die Bodenricks immer wieder mit in die Arbeit ein, longieren Sie aber nicht pausenlos darüber.

Das richtige Material

Um Verletzungen und Unfälle zu vermeiden, eignen sich am besten Plastikblöcke, in die Sie Stangen einlegen können. Diese sind relativ leicht und in der Höhe veränderbar. Haben Sie nur einfache Stangen zur Verfügung, sollten sie etwas in den Hallenboden eingearbeitet werden, damit sie nicht wegrollen können. Tritt ein Pferd auf eine rollende Stange, kann es sich dabei erheblich verletzen. Dies ist ebenfalls bei Cavaletti mit Kreuzen an den Enden der Fall, wenn das Pferd dagegen stößt. Außerdem kann an den Kreuzen die Longe hängen bleiben – von der Verwendung ist also abzuraten.

Wie wird longiert?

Der Erfolg der Bodenrickarbeit hängt in großem Maße vom geschickten Longieren ab. Sie müssen das Pferd optimal in die Bodenricks hereinlongieren. **Entscheidend für den Wert Ihrer Arbeit ist, dass das Pferd über den Bodenricks im Takt bleibt.** Es darf nicht schneller oder langsamer werden. Die Tritte sind zwar erhabener – das vermehrte Anheben und Vorfußen der Beine schult ja das Pferd –, müssen aber im zeitlichen Gleichmaß sein.

Geradeaus mit dem Pferd mitgehen.

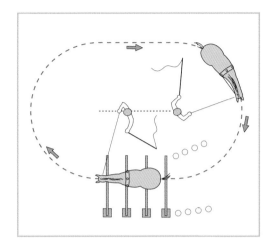

Gerade Bodenricks – geradeaus mitgehen.

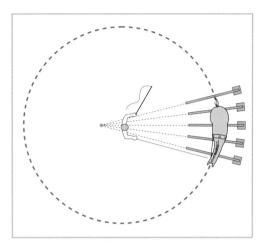

Bodenricks fächerförmig legen.

Grundsätzlich sollten Sie beim Longieren über Bodenricks dem Pferd so wenig wie möglich helfen. Auch wenn es einmal stolpert oder springt, schult dies seine Koordination. Arbeiten Sie dabei am besten zu zweit. So kann Ihr Helfer die Bodenricks regelmäßig verändern und bei Problemen helfen.

● Haben Sie noch nicht so viel Erfahrung, legen Sie die Stangen am besten parallel zueinander. So ist der Abstand an allen Stellen gleich. Dabei gehen Sie geradeaus mit dem Pferd mit, damit es geradeaus über die Bodenricks kommt. Dies ist auch für unerfahrene Pferde zu empfehlen, bei denen die Anlehnung noch nicht so sicher ist.

● Während in Richtung der Bodenricks longiert wird, müssen Sie immer wieder zwischen Pferd und Bodenrick hin- und herschauen, um den richtigen Abstand abzuschätzen.

● Das Pferd muss sich auf dem richtigen Kreisbogen bewegen und darf nicht schräg hineinkommen. Kommt es nicht sicher auf die Bodenricks zu, sollten Sie sich sofort wieder von ihnen entfernen – nur gut vorbereitet über die Bodenricks longieren!

● Das Pferd muss in einem geregelten Tempo in die Bodenricks kommen und sich den Abstand selbst passend machen –

Beim Fächer stehen bleiben.

natürlich müssen die Abstände der Boden-ricks passend sein.

● Stören Sie das Pferd nicht mit der Hand. Geben Sie die Longe über den Stangen ein wenig hin.

● Drängt das Pferd in den Bodenricks nach innen, verkürzen Sie die Longe und bewe-gen sich ein wenig vor das Pferd. So treiben Sie es mit Ihrer Körperstellung heraus.

● Verändern Sie immer wieder die Anforde-rungen an das Pferd, sonst wird es unauf-merksam:

– Legen Sie die Stangen abwechselnd höher oder tiefer.

– Lassen Sie einmal eine Stange fehlen.

– Legen Sie eine Decke über eine Stange.

Aufbau je nach Ziel

Der Abstand und die Höhe der Bodenricks sind je nach Pferd und Tagesform unter-schiedlich. Sie müssen sie auf jeden Fall immer wieder anpassen. Als grobes Maß können folgende Abstände gelten, jeweils ab Stangenmitte gemessen:

Schritt: 0,80 m
Trab: 1,30 m
Galopp: 3,30 m

Werden die Bodenricks im Fächer gelegt, richten Sie sie so aus, dass sich die ge-dachten Verlängerungen der Stangen alle an einem Punkt schneiden. Dieser Punkt liegt günstigerweise etwas hinter dem Zirkelmittelpunkt. Wenn Sie sich an diese Position stellen, zeigen alle Stangen genau in Ihre Richtung.

Gewöhnen des Pferdes an die Bodenrickarbeit

Um das Pferd an die Arbeit mit Bodenricks zu gewöhnen, müssen Sie behutsam vorge-hen und viel Geduld mitbringen. Wird in den ersten Schritten zu schnell oder mit Zwang vorgegangen, wird das Pferd das Vertrauen verlieren. Voraussetzung für die Bodenrickarbeit ist das sichere Gehen des Pferdes in den drei Grundgangarten.

Die Bodenricks werden dazu parallel zuei-nander und tief gelegt. So ist der Abstand an jeder Stelle der gleiche, egal an wel-chem Punkt das Pferd hineinkommt. Am besten bauen Sie die Bodenricks an einer Begrenzung entlang auf, an der das Pferd nicht nach außen drängen kann. Hilfreich sind auch einige Poller, die Sie als »Einflug-schneise« rechts und links vor der ersten Stange positionieren.

Nach dem Lösen wird das Pferd zuerst im Schritt über eine Stange geführt. Wenn es dabei völlig ruhig bleibt, kann es über eine, danach über mehrere Stangen longiert wer-den. Anschließend wird es im Trab über ein Bodenrick longiert. So wird die Anforde-rung weiter gesteigert. Es darf aber nur weitergemacht werden, wenn das Pferd dabei völlig ruhig und gelassen bleibt. Andernfalls muss die Anforderung wieder zurückgenommen werden. Geben Sie sich auch mit kleinen Schritten zufrieden. Diese Ausbildung kann sich über einige Tage er-strecken. Sie schulen damit die Balance und Trittsicherheit des Pferdes. Es wird in seinem Takt gefestigt, die Oberlinie wird gekräftigt.

Lassen Sie anfangs Ihr Pferd führen.

Lösen des Pferdes

Beziehen Sie die Arbeit über Bodenricks
erst dann mit ein, wenn das Pferd erwärmt
ist – nach etwa 10 Minuten Trab- und Galopparbeit. Auf dem Kreisbogen des Zirkels
werden die Bodenricks in einem Fächer tief
gelegt. Das Pferd muss sich dabei biegen
und mit dem inneren Hinterbein vermehrt
unter den Schwerpunkt treten. Ein weiterer
Vorteil der Fächerform ist der zu variie-
rende Abstand zwischen den Stangen. Mit
etwas Erfahrung können Sie das Pferd bewusst weiter innen (Abstand enger) oder
außen (Abstand weiter) hineinlongieren.
Das Pferd soll sich dabei vorwärts-abwärts
dehnen. Durch das energische Übertreten
der Stangen wird so verstärkt der Rücken

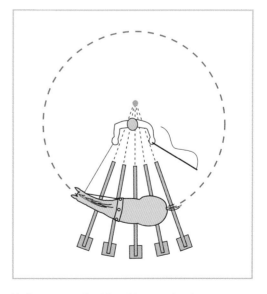

**Verbesserung der Längsbiegung durch enger
gelegten Fächer.**

75

Auf kleineren Linien muss sich das Pferd mehr biegen.

Eine gute Ergänzung auch mit der Dopppellonge.

aufgewölbt und die Oberlinie gedehnt. Auf Dauer wird die Losgelassenheit gefestigt und die Rückentätigkeit verbessert. Es entwickelt sich die entsprechende Muskulatur.

Weitere Ausbildung des Pferdes

● Parallel gelegt mit etwas weiterem Abstand können Sie den Schwung und Raumgriff des Pferdes verbessern. Es muss nach dem Abfußen energisch nach vorne durchschwingen. Erhöhen Sie dabei aber nicht das Tempo, das Pferd soll den Impuls selbst entwickeln. In der nächsten Ausbildungsstufe longieren Sie das Pferd auf einem Kreisbogen über die Bodenricks, die im Fächer gelegt sind.

● Zum Verbessern der Längsbiegung können Sie den Fächer ein wenig enger legen und auf kleineren Linien über die Bodenricks longieren. Auch können Sie sie später dabei etwas höher legen. Hier muss das Pferd vermehrt mit dem inneren Hinterbein unter den Schwerpunkt treten. Es bewegt sich geschmeidiger, die Elastizität wird erhöht.

● Um die Hinterhand weiter zu schulen, können Sie die Bodenricks etwas höher und enger legen. So wird die Schnelligkeit des Hinterbeines weiter verbessert.
Gehen Sie bei all diesen Übungen aber behutsam vor. Muskulatur wird nicht durch Überlastung entwickelt, sondern durch langsames Steigern der Anforderungen. Und das dauert Monate.

Fehler erkennen und korrigieren

Reaktion des Pferdes	Häufige Fehler	Verbessern
Das Pferd kommt aus dem Takt.	Die Abstände passen nicht.	Schauen Sie sich das Pferd über den Bodenricks an und passen Sie die Abstände an.
	Sie haben nicht korrekt in die Bodenricks hineinlongiert.	Schauen Sie früh genug zu den Bodenricks. Wenden Sie frühzeitig ab, wenn es nicht passt.
Das Pferd eilt über die Bodenricks.	Das Pferd ist unsicher.	Gehen Sie Schritte zurück: weniger, tiefer, enger.
	Die Anforderungen sind zu hoch.	Traben Sie erst einen Meter vor den Stangen an.
	Das Pferd ist ermüdet.	Gehen Sie Schritte zurück: weniger, tiefer, enger.
Das Pferd macht sich über den Bodenricks fest, hebt sich raus.	Die Anforderungen sind zu hoch.	Machen Sie eine Pause ohne Zügel oder beenden Sie die Arbeit.
	Das Pferd ist nicht genügend gelöst.	Gehen Sie Schritte zurück: weniger, tiefer, enger.
		Trainieren Sie keine falschen Bewegungen, lösen Sie Ihr Pferd vorher mehr.

Zielgerichtetes Arbeiten mit dem Pferd

Dieses Kapitel könnte auch »Die Ausbildung des Pferdes« heißen. Eines der Hauptprobleme in der Arbeit mit unseren Pferden liegt meiner Meinung nach darin, dass der Reiter sich zu wenig Gedanken über das macht, was er mit seinem Pferd erarbeiten möchte. Das gilt sowohl für die jeweilige Trainingsstunde, als auch für das Ziel der nächsten Wochen und Monate. Überlegen Sie sich also vor der Arbeitsstunde, was Sie erreichen wollen. Folgende Punkte können Sie darin unterstützen:

● Wo steht das Pferd momentan in der Ausbildung?

● Gibt es eventuelle Schwierigkeiten, die gelöst werden müssen? Wo hat es beim letzten Arbeiten mit dem Pferd gehakt?

● Was soll mein Pferd in den nächsten Wochen erlernen, was will ich erreichen?

Daraus ergeben sich grundsätzlich drei Fragen:

● Was will ich heute mit dem Pferd erarbeiten?
Z. B. Losgelassenheit festigen, Anlehnung an die Longe verbessern, Durchlässigkeit auf die treibenden Hilfen verbessern.

● Wie mache ich das?
Z. B. mit guten Übergängen zum Galopp die Oberlinie lösen, mit Bodenricks die Hinterhand aktivieren, mit vielen Wechseln der Zirkellinie das Pferd an die Hand arbeiten, mit leichten Verstärkungen in den schwungvollen Gangarten das Pferd auf die treibenden Hilfen sensibilisieren.

● Was benötige ich dafür?
Dafür wird das Pferd zum Lösen tiefer ausgebunden. Ich lege sechs Bodenricks in einen großen Fächer.

Aber was genau heißt »Training« in Bezug auf das Pferd? Es ist das gezielte Abhärten des Bewegungsapparates und Kräftigen der Muskulatur. Aber Muskulatur kann ich nur kräftigen, wenn sie vorher gedehnt wurde. Diese Fähigkeit, die Muskulatur loszulassen und verlängern zu können ist Voraussetzung für effektive Muskelarbeit: Verkürzte Muskulatur kann nicht arbeiten, also sich zusammenziehen und wieder loslassen. Dies gilt ganz besonders für die langen Rückenmuskeln, die nur in Dehnungshaltung gedehnt werden können (wie der Name schon sagt). Dazu kommt, dass die Muskeln geschmeidig gemacht werden und die Koordination der Arbeit der unterschiedlichen Muskeln zueinander verbessert wird – wichtig, wenn das Pferd seine Balance finden soll. Nervenbahnen werden geschaltet, die Reaktionszeit der Muskulatur wird verkürzt. Die Positionsfühler in der Muskulatur entwickeln sich und können dem Pferd die genaue Lage seiner Körperteile zueinander übermitteln (denken Sie an den Test mit beiden Zeigefingern, die bei geschlossenen Augen vor der Nase zusammengeführt werden).

Anhand der Ausbildungsskala wissen Sie genau, mit welchen Lektionen Sie zum Ziel kommen können. Versuchen Sie, dieses direkt zu erarbeiten. Dabei sollte das Longieren abwechslungsreich sein. Wollen Sie zum Beispiel durch das Verlagern, Verkleinern und Vergrößern des Zirkels die Anlehnung verbessern, so lassen Sie immer wieder Gangartwechsel und Tempowechsel mit einfließen. Auch Arbeit über die Bodenricks ist eine gute Unterstützung. Unter Umständen kommt jede halbe Runde eine neue Lektion, auf jeden Fall regelmäßig ein Handwechsel. Behalten Sie dabei aber immer Ihr Ziel vor Augen: Sie wollen die Anlehnung verbessern. Dabei machen Sie regelmäßig eine Pause und entfernen die Hilfszügel, damit sich das Pferd strecken kann. Beobachten Sie Ihr Pferd beim Longieren genau – den Wert Ihrer Arbeit werden Sie schnell erkennen. Nehmen Sie sich aber genügend Zeit. Mit Zwang und groben Hilfen kommen Sie nicht zum Ziel. Auch nicht, wenn Sie sich an einer Lektion festbeißen, die eventuell nicht klappt. Manchmal kann weniger auch mehr sein. Diese Zeit wird sich später vielfach auszahlen:

Das Pferd lernt nie nichts, es lernt immer – entweder Schlechtes oder Gutes.

Möglich auch, dass Sie Ihre gesteckten Ziele in der Stunde mehrfach ändern, weil sich das Pferd beispielsweise lange festhält oder äußere Einflüsse die Arbeit stören. Das ist ganz normal, Sie müssen es nur erkennen und reagieren. Ebenfalls normal ist, dass Sie die gesteckten Ziele hin und wieder nicht erreichen. Versuchen Sie es dann einfach am nächsten Tag noch einmal. Der hier aufgeführte Weg zeigt die normale

Ausbildung des Pferdes vom ersten Anlongieren an. Kommt es während dieser Zeit zu Problemen an der Longe, finden Sie im Kapitel »Longieren von schwierigen Pferden« (S. 103 ff.) Lösungsmöglichkeiten. Es gehört dazu, dass immer wieder Schwierigkeiten auftreten. Genau wie beim Reiten kommt es auf das frühzeitige Erkennen und Lösen an. Voraussetzung für gute Arbeit ist stets, dass die Zähne des Pferdes regelmäßig kontrolliert werden – mindestens einmal jährlich –, und ansonsten kein Befund vorliegt. Zudem muss der Sattel beim Reiten oder der Gurt beim Voltigieren passend sein. Sehr häufig liegen die Ursachen für schlecht gehende Pferde in diesen Punkten begründet!

Jede Arbeitseinheit mit dem Pferd setzt sich aus drei Phasen zusammen:

Lösungsphase

- Zum Erwärmen des Pferdes und Lösen der Muskulatur. Beginnen Sie mit mindestens 10 Minuten Schrittarbeit, am besten führen Sie das Pferd dabei.
- Längere Trabphasen.
- Übergänge zwischen den Gangarten.
- Dauer nach der Schrittphase: ca. 10–15 Minuten beim ausgebildeten Pferd, kann aber auch Stundenziel sein.
- Häufig nach der Lösungsphase sinnvoll: Eine Pause, in der die Zügel entfernt werden.

Arbeitsphase

- Verbessern des Pferdes in der Ausbildung nach den vorher gesteckten Zielen.

- Systematisches Anwenden der entsprechenden Lektionen und abwechslungsreiches Arbeiten mit dem Pferd.
- Dauer: ca. 20–30 Minuten.

Entspannungsphase

- Das Pferd wird in Dehnungshaltung über den Rücken gearbeitet, damit sich eventuelle Spannungen lösen können.
- Die Arbeitseinheit wird damit positiv beendet.
- Dauer: 5–10 Minuten.

Lösen des Pferdes

Das Erreichen der Losgelassenheit ist Grundvoraussetzung für den Erfolg bei der Arbeit mit dem Pferd. Dabei spielt es keine Rolle, ob das Pferd geritten, gefahren oder longiert werden soll. Dem Lösen oder auch Ablongieren wird aber häufig nicht genügend Bedeutung beigemessen. Ein Pferd, welches nicht über den Rücken geht, können Sie in der Ausbildung nicht weiterbringen. Meiner Erfahrung nach erreicht ein Großteil der Pferde die korrekte Losgelassenheit nicht.

Lösen bedeutet aber nicht müde machen. Das ausgebildete Pferd soll nach der lösenden Arbeit immer noch frisch genug für die eigentliche Ausbildungsarbeit sein. Lösen Sie Ihr Pferd also nicht »auf«.

Beginnen Sie jedes Bewegen des Pferdes mit mindestens 10 Minuten Schrittarbeit. Dafür reiten oder führen Sie das Pferd im fleißigen Schritt geradeaus oder in Schlangenlinien. Damit sich das Pferd sofort auf Sie konzentriert, bleiben Sie immer wieder stehen, worauf auch das Pferd neben Ihnen stehen muss. Anschließend treten Sie wieder an. Das korrekte Führen des Pferdes wird im Kapitel »Anlongieren junger Pferde« (S. 83) eingehend beschrieben. So löst sich die Muskulatur und das Pferd gewöhnt sich an die Umgebung. Nach einigen Minuten können Sie den Laufferzügel so lang anlegen, dass die Stirn-Nasenlinie deutlich vor der Senkrechten steht.

Grundsätzlich können Sie ein Pferd nicht mit einem Zügel herunterzwingen.

Wird ein Pferd zu tief oder zu eng ausgebunden, verspannt es sich mehr, als es sich dabei löst. Sie erreichen dadurch nur Scheinerfolge. Es ist zum Lösen nicht notwendig, das Pferd durchs Genick zu stellen. Besser ist es, die Arbeit mit etwas längeren Zügeln zu beginnen, bei denen das Pferd zwar eine Anlehnung findet, sich aber noch ausbalancieren kann. Dagegen ist das »Laufenlassen« ohne Hilfszügel verschenkte Zeit und bringt keine Erfolge. Genau dadurch werden Fehler wie Ausweichen über die äußere Schulter, Verwerfen im Genick, Umdrehen an der Longe und ähnliches gefördert.

Beginnen Sie mit einer längeren Trabphase auf der Hand, auf der das Pferd am besten geht. Es soll dabei gleichmäßig und in einem ihm angepassten Grundtempo gehen. Es ist völlig normal, dass das Pferd zu Beginn im eher ruhigen Tempo am besten seinen Takt findet. Dies ist vor allen Dingen bei verspannten oder älteren Pferden der Fall. Treiben Sie Ihr Pferd nicht aus falsch verstandenem Fleiß voran, damit bringen Sie es nur aus dem Gleichgewicht. Spätestens nach den ersten Galoppeinheiten wird Ihr Pferd von selbst fleißiger gehen.

Nach einigen Minuten können Sie Übergänge zum Schritt sowie das Verlagern des Zirkels mit einfließen lassen.

Die anschließenden Wechsel zum Galopp eignen sich besonders zur Aktivierung und Gymnastizierung der gesamten Oberlinie. Nach ein oder zwei Runden im fleißigen Galopp parieren Sie wieder durch, da langes Galoppieren nur ermüdet. Die gesamte Oberlinie des Pferdes wird beim Angaloppieren aktiviert. Die Handwechsel lassen Sie alle 10 Minuten mit einfließen.

Ist der Bewegungsapparat des Pferdes nach etwa 10 Minuten erwärmt, können Sie die Arbeit über Bodenricks mit aufnehmen. Dabei soll das Pferd schon ein gewisses Maß an Losgelassenheit erreicht haben und durch das Übertreten der Stangen den Rücken besonders aufwölben.

Je gelöster das Pferd ist, desto abwechslungsreicher folgen die Lektionen aufeinander. Der Rücken beginnt zu schwingen, Sie können das Anspannen und Abspannen der Muskulatur rechts und links der Wirbelsäule am besten im Lenden-Kruppenbereich erkennen. Am Abschnauben, Kauen (Schaum vor dem Maul) sowie an der entspannten Mimik erkennen Sie das gelöste und zufriedene Pferd. Es beginnt, sich am Lauferzügel vorwärts-abwärts zu dehnen,

der Schweif pendelt frei. Zur korrekten Dehnungshaltung gehört, dass das Pferd dabei fleißig vorwärts geht. Die Maulspalte kann dabei durchaus etwas unter die Höhe des Buggelenkes kommen. Entscheidend ist, dass die Stirn-Nasenlinie vor der Senkrechten bleibt und das Pferd entsprechend unterfußt. Dabei soll der Hals nach oben aufgewölbt sein. Ein Abstrecken mit langem Hals ist meistens wertlos, da der Rücken dabei nicht wirklich aufgewölbt wird. Bei korrekter Dehnungshaltung kommt es durch das Vorstrecken des Halses zu einer Gewichtsverlagerung auf die Vorhand, was völlig normal ist. Aus diesem Grund soll ein Pferd aber nicht immer nur vorwärtsabwärts gearbeitet werden – es kommt sonst zu sehr auf die Vorhand.

Man braucht keine Dehnungshaltung zum Lösen. Die Dehnungshaltung ist das Ergebnis der guten lösenden Arbeit.

Das bedeutet, dass Sie nicht ständig vorne schauen, ob das Pferd mit dem Hals herunterkommt, sondern das Pferd als Ganzes beobachten: Ist es geregelt und fleißig? Stößt es sich vom Gebiss ab? Geht es am Zügel? Dann wird das Pferd von selbst den Hals fallenlassen und Ihnen damit zeigen, dass es gelöst ist.

Pferde, die von Anfang an mit tiefem Hals gehen, sind in der Regel nicht gelöst, sondern tragen sich nicht.

Und das kann kein Ziel der Arbeit sein. Wichtig ist, dass sich das Pferd in der Arbeit selbst trägt (siehe das Kapitel »Longieren

Das ist keine Dehnungshaltung.

von schwierigen Pferden« S 103 ff.). In den meisten Fällen ist es sinnvoll, nach dem Lösen die Zügel einmal auszuschnallen und dem Pferd eine kurze Pause zu geben. Hierbei kann es sich strecken und die Muskulatur entspannen. Bedenken Sie, wie häufig Sie beim Reiten den Zügel aus der Hand kauen lassen. Dann werden für die weitere Arbeit die Zügel je nach Ziel beispielsweise höher und kürzer geschnallt, so dass das Pferd in der natürlichen Aufrichtung gearbeitet werden kann.

Ein ausgebildetes Pferd benötigt nach der Schrittphase noch rund 15 Minuten abwechslungsreiches Longieren, um die Losgelassenheit zu erreichen. Achten Sie auf die Signale Ihres Pferdes und Sie erkennen, ob es gelöst ist oder nicht.

Fehler erkennen und korrigieren

Reaktion des Pferdes	Häufige Fehler	Verbessern
Die Losgelassenheit wird nicht erreicht: Verspannungen festigen sich, falsche Muskulatur bildet sich.	Es wird nicht genug Wert auf die Losgelassenheit gelegt.	Gehen Sie erst weiter in der Ausbildung, wenn das Pferd gelöst ist. Es gibt keinen anderen Weg.
	Das Pferd ist zu eilig.	Arbeiten Sie im passenden Grundtempo: Eilig ist nicht gleich fleißig. Zu Beginn der Arbeit ruhigeres Tempo wählen.
	Das Pferd ist falsch ausgebunden.	Wählen Sie eine passende Verschnallung der Hilfszügel, siehe unter »Hilfszügel«.
Das Pferd kommt ständig zu tief, kommt auf die Vorhand.	Es wird zu viel in zu tiefer Einstellung gearbeitet.	Das Pferd muss sich selbst tragen, siehe unter »Longieren von schwierigen Pferden«.

Die Ausbildung des Pferdes an der Longe

Anlongieren junger Pferde

Der Einstieg des jungen Pferdes als Reitpferd beginnt mit dem Longieren. Ab dem dritten Lebensjahr wird es langsam an die Arbeit herangeführt. Die Art und Weise dieses ersten Gewöhnens an das Material und die körperliche Arbeit entscheidet über den späteren Gebrauch und Umgang mit dem Pferd. Fehler, die hier gemacht werden, sind meist kaum zu korrigieren und erschweren die tägliche Arbeit. Ziel ist es, das natürliche Gleichgewicht des Pferdes zu erhalten. Deshalb sollte nur ein erfahrener Longenführer diese Ausbildung übernehmen. Am besten wird das Pferd zu zweit anlongiert. So können Sie in schwierigen Situationen schneller und individueller reagieren. Dafür muss das Pferd den Umgang mit dem Menschen gewöhnt sein. Das bedeutet, dass es beim Putzen, Aufhalftern und Führen gelassen bleibt.

Ausrüstung

Für die erste Einheit wird das Pferd mit Trense und übergelegtem Stallhalfter oder Kappzaum ausgerüstet. Zur Schonung des Pferdemauls wird die Longe dann in den inneren Ring des Halfters und des Gebisses eingehängt. Beim Kappzaum wird sie auf dem Nasenrücken befestigt. Gamaschen schützen die Beine vor Verletzungen. Eine lange Dressurpeitsche wird ebenfalls benötigt. In den ersten paar Trainingseinheiten wird noch ohne Hilfszügel gearbeitet.

Die Örtlichkeit

Auf jeden Fall sollte das Anlongieren auf einem abgesperrten Platz beginnen, auf dem das Pferd an allen Seiten eine Anlehnung findet. Das kann sowohl eine Reithalle sein, die in der Mitte durchtrennt ist, als auch ein abgesperrter Außenplatz, Longierzirkel oder Round Pen. In der Reithalle ist das Pferd weniger abgelenkt von äußeren Einflüssen, deshalb ist diese vorzuziehen.

Korrektes Führen

Zum gewohnten Umgang des Pferdes mit dem Menschen gehört ebenfalls, dass es sich korrekt führen lässt: Diesem korrekten Führen messe ich große Bedeutung zu, da es eine Vorstufe des Longierens ist. Das Pferd lernt dabei die Kommandos des Longenführers wie »Scheritt« und »Steh«, versteht die Körpersprache wie Gehen und Stehen, und muss sich vor allen Dingen dem Menschen unterordnen. Bei eventuellen Machtkämpfen sind Sie dicht am Pferd und können so die Rangfolge einfacher klären. Dieses kommt Ihnen beim Longieren auf 8 Metern Entfernung zugute. Ohne Kampf erzielen Sie viele kleine Siege. Das Gehen und Stehen hilft auch bei unerzogenen Pferden.
Binden Sie das Pferd lang aus und nehmen Sie eine lange Gerte mit. Dann gehen Sie ungefähr in Kopfhöhe mit Ihrem Pferd an einer Begrenzung entlang. Dort kann es

Führen Sie Ihr Pferd auf Abstand.

sich nicht wegdrehen. Die Longe wird dabei so gehalten, dass Sie sie jederzeit problemlos herauslassen können. Mit dem rechten Arm halten Sie das Pferd auf Abstand, damit es Ihnen nicht in die Hacken springen kann.

Das Pferd soll unabhängig und fleißig neben Ihnen hergehen. Ziehen Sie das Pferd also nicht hinterher, es darf Sie aber auch nicht überholen. Hilfreich ist es auch, auf beiden Händen zu führen. Führen Sie Ihr Pferd in Schlangenlinien und geradeaus. Das »Gehen und Stehen« dabei ist zum Schulen von Gehorsam besonders geeignet. Da in der freien Wildbahn kein Pferd

das Leittier überholen darf, machen wir uns diesen Instinkt beim Führen zunutze. Wenn Sie stehen, muss auch das Pferd stehen, aber hinter Ihnen. Damit das Pferd nicht ständig in Ihren Dominanzbereich kommt, führen Sie das Pferd auf Abstand. Dies können Sie anfangs üben, indem Sie den rechten Arm gerade ausstrecken und die Faust in Höhe des Backenstücks halten. Dieser Dominanzabstand hilft Ihnen beim gesamten Umgang mit dem Pferd. Das untergebende Tier darf sich nicht unerlaubt dem Leittier nähern. Wenn Sie Ihr Pferd aber immer sehr dicht an sich heranlassen, ist es nicht verwunderlich, dass dominante Pferde das als Einladung zum Kampf um die Führungsposition erkennen. Oder das Pferd wird Sie nur als Kratzbaum erkennen, wenn es sich ständig an Ihnen schuppen darf. Wenn Sie Ihr Pferd führen, bereiten Sie den Moment des Anhaltens durch ein langgezogenes »Ssscchh-Steh« vor. Das Pferd hat dadurch Zeit zu reagieren. In dem Moment, in dem Sie dann »Steh« sagen und stehen bleiben, nehmen Sie die Peitsche vor dem Kopf des Pferdes hoch und geben einen Impuls an der Longe. Darauf soll das Pferd neben Ihnen anhalten. Es darf nicht einen Schritt an Ihnen vorbeilaufen. Andernfalls lassen Sie es einige Schritte rückwärtsgehen. Dabei sagen Sie deutlich »Zurück«, geben Impulse an der Longe und treiben das Pferd mit der Peitsche vor der Brust rückwärts. Wichtig dabei: Sie bleiben stehen, das Pferd soll vor Ihnen zurückweichen. Loben Sie es dann für eine gute Reaktion.

Gehen Sie nun wieder los, indem Sie sich zuerst mit dem Oberkörper leicht nach vorne beugen. Damit tritt auch das Pferd an. Geschieht dies nur zögernd, touchieren Sie es mit der Gerte am Hinterbein. Gehen Sie dabei aber weiter, bleiben Sie nicht stehen. Im Laufe der Zeit minimieren Sie Ihre Hilfen. Das Pferd wird dann nur noch aufgrund Ihrer Körpersprache gehen oder stehen. Variieren können Sie die Übung mit schnellem und langsamem Gehen. Weiterführend können Sie antraben – anhalten – rückwärtsrichten – antraben und so weiter. Dieses »Gehen und Stehen« hat auch disziplinierende Wirkung. Mit minimalem Aufwand und ohne Kampf erringen Sie viele kleine Siege, bevor die eigentliche Arbeit beginnt. Das hilft auch, die Quengelei schlecht erzogener Pferden deutlich zu reduzieren.

In der neuen Umgebung

Die erste Arbeit sollte in der Reithalle zu einer ruhigen Zeit erfolgen. Das Pferd ist mit Trense und Gamaschen ausgerüstet. Es wird mindestens 15 Minuten Schritt geführt und dann frei laufengelassen.

Zwei Personen verteilt in der Halle mit je einer Peitsche geben dem Pferd nun über die Hilfen wie beim Longieren eindeutige Signale für die verschiedenen Gangarten. So gewöhnt sich das Pferd an die treibenden und verwahrenden Hilfen. Dies geschieht bei der zweiten oder dritten Trainingsstunde mit Trense und Longiergurt. Wenn das sicher funktioniert, können Sie mit dem Longieren beginnen. Vermeiden Sie aber ein Jagen des Pferdes, bei

dem es sich nur aufdreht. Sonst lernt es: Treiben = Rennen.

Das erste Anlongieren

Für die ersten Runden auf dem Zirkel wird das Pferd von dem Helfer, der die lange Dressurpeitsche bei sich hat, aus der Mitte herausgeführt. Da die meisten Pferde auf der linken Hand besser gehen, sollten Sie dort beginnen. Das Pferd ist für diese Arbeit noch nicht ausgebunden. Geht es im ruhigen Schritt, entfernt sich der Helfer langsam von ihm. Dabei hält er das Pferd mit der Dressurgerte auf Abstand. Eventuell muss man mit dem Pferd üben, dass es auf Abstand geführt werden kann.

Dann kommt ein entscheidender Punkt beim Anlongieren: Der Helfer treibt das Pferd vorwärts und kommt dann schnell in die Zirkelmitte. Sie übernehmen in dem

Das junge Pferd im natürlichen Gleichgewicht.

Das junge Pferd im fleißigen Tempo mit genügend langen Zügeln.

Moment das Treiben des Pferdes aus der Zirkelmitte. Das Pferd muss jetzt auf jeden Fall in Bewegung bleiben. Andernfalls könnte es reinkommen oder sich umdrehen. Eventuell lassen Sie das Pferd antraben. Drängt es nun nach außen, gehen Sie bis zur Absperrung mit und geben nach. Versuchen Sie auf keinen Fall, das Pferd auf dem kleinen Zirkel zu halten. Kommt es allerdings nach innen, nehmen Sie die Longe auf und treiben es wieder heraus. Machen Sie diese erste Arbeit in aller Ruhe, loben Sie mit viel Stimme. Versuchen Sie nun, das Pferd in einem ruhigen, gleichmäßigen Trab zu longieren. Das ist sicherlich die beste Gangart, da das Pferd am besten ausbalanciert ist. Sollte es von selbst angaloppieren, lassen Sie es einige Runden gehen. Versuchen Sie in dieser frühen Phase aber noch nicht, das Pferd in den Galopp zu treiben. Eilt es anfangs davon, longieren Sie es auf einem großen Zirkel und beruhigen es mit der Stimme. Ihr Pferd wird von selbst im Tempo zurückkommen. Nach einigen Minuten parieren Sie Ihr Pferd durch, indem Sie die Peitsche nach hinten auf den Unterarm legen oder sie Ihrem Helfer geben. Sie gehen nun langsam auf das Pferd zu und nehmen die Longe dabei auf. Mit den Kommandos »Brrr« und »Scheritt« parieren Sie das Pferd durch. Spätestens, wenn Sie am Pferd sind, wird es zum Schritt und Halten kommen. Dann machen Sie einen Handwechsel in der Zirkelmitte und loben das Pferd.

Auf der neuen Hand gehen Sie wieder genauso vor wie auf der vorherigen Hand: anführen durch den Helfer, zur Mitte kommen, vorantreiben. Auch hier reichen ein paar Minuten Trabarbeit für den ersten Arbeitstag. Lassen Sie das Pferd diese Lektion mit einer positiven Erfahrung beenden.

Die weitere Arbeit mit dem jungen Pferd
Der Einsatz des Pferdes kann nun im Laufe der nächsten Wochen von ein- bis zweimal auf dreimal wöchentlich gesteigert werden. Der Sattel wird mit aufgelegt, mit dem Longiergurt werden die Sattelblätter befestigt. Der Laufferzügel wird als großes Dreieck lang angelegt. So kann sich das Pferd an die Zügel gewöhnen, wird aber in seiner Balance nicht gestört. Die Zügel sollten aber nicht so lang sein, dass sie in der Bewegung schlagen. Arbeiten Sie Ihr Pferd nun auf großen und vor allen Dingen geraden Linien an der Abgrenzung entlang. Das

Pferd wird an die Hilfengebung gewöhnt, die zwar ruhig, aber auch sehr konsequent sein muss. Geht es sicher im Trab auf der Zirkellinie, wird der Galopp mit einbezogen. Nach ein paar Runden Galopp auf einem großen Zirkel parieren Sie durch.

Das Pferd wird anfangs noch einen unrunden Zirkel laufen. Das wird sich im Laufe der Ausbildung verbessern, da seine Balance geschult wird. Versuchen Sie nicht, es mit der Longe auf einen runden Zirkel zu ziehen, Unterstützen Sie statt dessen das Pferd durch Ihre Hilfengebung.

Ziel dieser Arbeit ist das ausbalancierte, gleichmäßige Gehen des Pferdes in den drei Grundgangarten. Ihre Aufgabe ist es, das Pferd so im Tempo zu unterstützen, dass es seinen Takt findet. Die Zügel werden nun so verschnallt, dass das Pferd eine Anlehnung finden kann, aber nicht durchs Genick gestellt wird – das wäre nämlich schon die Beizäumung. Weil sich das Pferd mit Kopf und Hals ausbalanciert, ist es bei der Arbeit in Außenstellung. Versuchen Sie aber **niemals**, es mit dem Zügel nach innen zu stellen. Sie erarbeiten korrekte, spannungsfreie Übergänge zwischen und in den Gangarten. Durch das Verlagern des Zirkels kommt das Pferd immer besser an die Hand. Das Longieren auf verschiedenen Plätzen hilft, die Arbeit interessanter zu gestalten und die Trittsicherheit des Pferdes zu verbessern.

Der erste Abschnitt der Ausbildung heißt Gewöhnungsphase. Sie dauert mehrere Monate. Dabei arbeiten Sie immer mehr auf gebogenen Linien, das fördert die Balance

zusätzlich. Loben Sie Ihr Pferd für gute Reaktionen, machen Sie ihm schlechte Reaktionen durch Ihre Hilfengebung unangenehm. Es muss zum Longenführer Vertrauen haben, sich aber auf jeden Fall unterordnen. Jede andere Art der Zusammenarbeit macht das Pferd unzufrieden.

In dieser Zeit der Ausbildung wird das Pferd auch an das Reitergewicht gewöhnt. Gehen Sie dabei vorsichtig vor, damit es das Vertrauen zu Ihnen behält. Die Arbeit unter dem Reiter wird nun immer mehr Zeit in Anspruch nehmen. Zur weiteren Gymnastizierung des Pferdes ist das Longieren aber hervorragend geeignet, da kein störendes Reitergewicht die Rückentätigkeit behindert. Die Oberlinie des Pferdes wird gekräftigt, es wird im Takt gefestigt. Das Longieren begleitet das Pferd immer in seiner Ausbildung, da es die Möglichkeiten erweitert und ein guter Ausgleich ist.

Ziel dieses Ausbildungsabschnittes ist das Fördern der Balance und Kräftigen der Oberlinie des Pferdes. Das wirkt sich in der täglichen Arbeit so aus, dass die Lösungsphase des Pferdes immer weiter verkürzt wird. Während beim jungen Pferd das Erreichen der Losgelassenheit noch Stundenziel war, ist der gesamte Bewegungsapparat nun so weit geschult, dass das Pferd nach 10 Minuten Schrittarbeit und weiteren 10 Minuten abwechslungsreichen Arbeitens völlig gelöst ist.

Wenn Sie mit Ihrem Pferd über Jahre jeweils weit über eine halbe Stunde arbeiten müssen, bis es sich löst, machen Sie in der Ausbildung etwas verkehrt. Das ist ein deutliches Zeichen dafür, dass Sie keine nachhaltigen Trainingsimpulse setzen. Sie fangen immer wieder an der gleichen Stelle an. Holen Sie sich in diesem Fall den Rat einer erfahrenen Person, die die Ursache schnell erkennen und Ihnen weiterhelfen kann.

Die weitere Ausbildung

Nach diesem ersten Teil der Gewöhnungsphase mit dem Erreichen von Takt, Losgelassenheit und Anlehnung können Sie die Schubkraft und Tragkraft des Pferdes weiter entwickeln. Durch gymnastizierende

Fehler erkennen und korrigieren

Reaktion des Pferdes	Häufige Fehler	Verbessern
Das Pferd ist unruhig, wirkt überfordert.	Sie nehmen sich zu wenig Zeit zum Anlongieren.	Das Anlongieren des Pferdes dauert mehrere Wochen. Die Zeit, die Sie dem Pferd lassen, zahlt sich später vielfach aus.
	Die Umgebung ist unruhig, der Longenführer ist unruhig.	Bereiten Sie sich und das Pferd in Ruhe auf die erste Arbeit vor.
Das Pferd drängt nach außen, hängt sich in die Longe.	Es fehlt die äußere Begrenzung.	Schaffen Sie sich eine äußere Begrenzung.
	Der Longenführer zieht sich fest.	Nicht das Pferd zieht sondern der Mensch. Gehen Sie zur äußeren Begrenzung und geben Sie nach.
Das Pferd ist unzufrieden mit der Anlehnung, schlägt mit dem Kopf.	Die Longe ist direkt im Gebissring eingehängt.	Verwenden Sie einen Kappzaum oder legen Sie ein Stallhalfter über die Trense.
	Die Zügel sind zu lang und schlagen in der Bewegung.	Das Pferd soll eine leichte Anlehnung finden: Verkürzen Sie den Zügel etwas.
Das Pferd reagiert nicht auf Ihre Hilfen.	Die Hilfen sind nicht eindeutig genug.	Verbessern Sie Ihre Hilfen, sie müssen eindeutig sein.
	Dem Pferd wurden die Hilfen nicht genügend beigebracht.	Bringen Sie dem Pferd die grundlegenden Hilfen beim Freilaufen lassen bei.

Arbeit wird das Pferd immer geschmeidiger und der Grad der Durchlässigkeit gesteigert. Die Balance wird weiter gefördert, die Koordination der Bewegungen verbessert. Orientieren Sie sich auch hier an der Skala der Ausbildung. Sie gibt den genauen Weg vor, den Sie gehen sollten.

Der Aufbau der Longiereinheiten bleibt dabei gleich: Lösen des Pferdes – Verbessern in der Arbeitsphase – Entspannungsphase. Achten Sie dabei immer darauf, wann es an der Zeit ist, eine Pause zu machen oder die Arbeit zu beenden. Beim Reiten lassen wir regelmäßig den Zügel aus der Hand kauen, damit sich das Pferd strecken kann. Dies ist auch beim Longieren sinnvoll: Nach der lösenden Arbeit oder während der Arbeitsphase. Hängen Sie die Zügel komplett aus, führen Sie das Pferd einige Minuten im Schritt und binden Sie es für die folgende Arbeit wieder aus.

So sollten sie beispielsweise aufhören, wenn sich das Pferd auf den Zügel legt und sich nicht mehr selbst trägt oder es matt in seinen Bewegungen wird. Auch wenn Sie feststellen, dass das Pferd in der Arbeit schlechter wird – die Übergänge werden schlechter, das Pferd reagiert immer häufiger auf außenliegende Dinge, es springt häufiger falsch an –, ist der Grund häufig die nachlassende Konzentration des Pferdes. Auch ein Pferd kann sich nur eine gewisse Zeit konzentrieren. Machen Sie danach einige Minuten Pause ohne Hilfszügel oder beenden Sie die Arbeit. Sie verbessern die Konzentration genau wie die Kondition nur durch Intervalltraining, also: Arbeit –

Den Zirkel verlagern zur Verbesserung der Anlehnung.

Pause – Arbeit ... Ende. Bedenken Sie, dass die korrekte Ausbildung des Pferdes ein langer Weg mit Höhen und Tiefen ist. Geben Sie Ihrem Pferd vor allem Zeit.

Verbessern der Anlehnung

Ziel der weiteren Ausbildung ist das Verbessern der Anlehnung und des Schwunges. Je aktiver und schwungvoller ein Pferd geht, desto mehr richtet es sich dabei auf. Die Hilfszügel werden so verschnallt, dass das Pferd sich auf die Zirkellinie einstellen kann und die Stirn-Nasenlinie vor der Senkrechten steht. Auch wird der Zügel etwas höher eingestellt, so dass er die Aufrichtung des Pferdes unterstützt. Alleine die Aktivität der Hinterhand ist das Maß für die Aufrichtung bzw. relative Aufrichtung.

Durch vermehrtes Longieren von Übergängen zwischen und in den Gangarten tritt das Pferd immer mehr an das Gebiss heran, die Anlehnung wird konstanter. Sie arbeiten das Pferd von hinten an die Zügel. Mit dem Verlagern, Verkleinern und Vergrößern des Zirkels arbeiten Sie Ihr Pferd immer mehr an die Hand, die Verbindung zum Pferdemaul wird immer stetiger. Theoretisch soll das Pferd grundsätzlich geradeaus gehen wollen. Nur durch das leichte Annehmen und Nachgeben stellen Sie Ihr Pferd nach innen und wenden es ab auf die gebogene Linie. Achten Sie aber auf das saubere Ausführen dieser Lektionen. Je weiter Sie in der Ausbildung kommen, desto mehr kommt es auf die Details in der Arbeit an. Grundvoraussetzung ist eine weiche Hand, nur dann wird Ihr Pferd daran treten. Das Pferdemaul bewegt sich im Galopp dreidimensional: vorwärts – auf und ab – nach innen und außen. Die Bewegungen müssen Sie mit einem weich

federnden Arm aufnehmen, um konstante Anlehnung bieten zu können.

Die Wechsel von Tempo und Gangart erhöhen außerdem die Durchlässigkeit des Pferdes für die Hilfen. Wenn das Pferd an Ihren Hilfen steht, sind Sie anschließend in der Lage, auch zweifache Gangartwechsel zu longieren. Sie können also vom Schritt direkt angaloppieren oder aus dem Stand antraben. Auch die Tempiwechsel in den Gangarten verbessern Ihr Pferd, anfangs am besten auf geraden Linien. Vor allen Dingen das anschließende Zurücknehmen des Pferdes entscheidet über den Wert der Lektion. Vorwärtslongieren ist noch relativ einfach, korrektes Zurücknehmen erfordert wesentlich besseres Zusammenspiel der Hilfen. Hier wird schon der Grundstein für die spätere versammelnde Arbeit gelegt. Das Erarbeiten der korrekten Anlehnung dauert sicherlich mehrere Wochen.

Entwickeln der Schubkraft

Im weiteren Verlauf der Ausbildung wird die Schubkraft verbessert. Die Hinterhand wird aktiviert, das Pferd bewegt sich schwungvoller. Die Arbeit mit Bodenricks ist eine gute Unterstützung. Dazu werden die Stangen nach dem Lösen etwas weiter gelegt, das Pferd muss die Tritte verlängern. Wird der Abstand verkleinert und werden die Bodenricks etwas höher gelegt, muss es dabei vermehrt die Hanken beugen.

Die Schnelligkeit im Hinterbein wird gesteigert. Übergänge von Gangart und Tempo verbessern ebenfalls den Schwung des Pferdes. Das Zulegen in den Gangarten er-

Trabtritte verlängern.

folgt nun auch auf gebogenen Linien. Das erfordert vom Pferd ein erhöhtes Maß an Balance. Es muss dabei aber korrekt an der Hand stehen, damit die Aktivität der Hinterhand nicht in eiligem Tempo verpufft. Guter Schwung zeigt sich also im Arbeitstempo der jeweiligen Gangart, nicht nur in den Verstärkungen.

Beim Longieren auf kleineren Linien tritt Ihr Pferd zum Ausbalancieren nun mit dem Hinterbein vermehrt unter den Schwerpunkt. Die Längsbiegung und Fähigkeit, das Hinterbein zu beugen, wird damit verbessert. Das Pferd nimmt mehr Last auf. Dies geschieht im Trab genauso wie anschließend im Galopp. Verkleinern Sie den Zirkel aber nur so weit, dass das Pferd im Takt bleibt und nicht mit der Hinterhand ausweicht. Nach zwei bis drei Runden vergrößern Sie den Zirkel wieder – eine gute Möglichkeit, die Tritte oder Sprünge dabei zu verlängern. So wird die entwickelte Tragkraft umgewandelt in Schubkraft. Die geraderichtende Arbeit auf kleinen Linien korrigiert die natürliche Schiefe des Pferdes, wodurch sich der Versammlungsgrad weiter erhöht. Arbeiten Sie Ihr Pferd auf beiden Händen gleich intensiv. Ein vermehrtes Longieren auf der Zwangsseite ist kontraproduktiv. Die Arbeit mit dem Ziel, die Stellung und Biegung zu verbessern, lässt die Muskulatur auf der »schwierigeren Hand« nur schneller ermüden.

Wenn Sie die Gelegenheit haben, longieren Sie draußen über Hügel oder auf Steigungen. Dies ist neben dem Training ein guter Ausgleich für das Pferd.

Galoppsprünge verlängern.

Sie können nach einiger Zeit eine Verbesserung des Ganges erkennen. Das Pferd tritt über mehr Boden, die Schwebephase im Trab und Galopp verlängert sich. Das Pferd geht erhabener, die Bewegungen werden kadenzierter. Diese Phase in der Ausbildung dauert mehrere Monate. Der gesamte Bewegungsapparat des Pferdes wird dabei gekräftigt und gefestigt.

Entwickeln der Tragkraft

Mit Übergängen zwischen den Gangarten auf dem kleinen Zirkel wird die Durchlässigkeit und Tragkraft des Pferdes weiter erhöht. Besonders beim korrekten Übergang vom Trab zu Schritt oder Stand muss das Pferd mit der Hinterhand Gewicht aufnehmen. Im Laufe der Ausbildung wird es immer wichtiger, dass sich das Pferd durchlässig auf Longen- und Stimmhilfen in Verbindung mit der treibenden Peitschenhilfe durchparieren lässt.

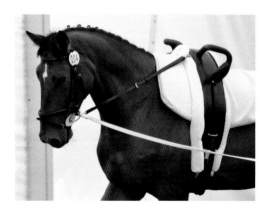

Höher ausgebunden für die Galopparbeit.

Je weiter Sie in der Ausbildung gelangen, desto höher sind die Anforderungen:

● **Wechsel der Gangarten:** Übergänge über mehrere Gangarten sind sowohl nach oben als auch nach unten möglich.

● **Tempounterschiede:** Das Pferd tritt energisch an. Mitteltrab und Mittelgalopp sind raumgreifend und taktrein. Beim Zurückführen des Tempos richtet sich das Pferd auf und übernimmt Gewicht mit der Hinterhand.

● **Verkleinern und vergrößern des Zirkels:** Das Pferd kann auf immer kleineren Linien gearbeitet werden. Es weicht dabei nicht aus und bleibt im Takt, es kann sich auf beiden Händen gleichmäßig biegen und stellen. Das Pferd legt sich nicht in die Kurve – Zeichen für den hohen Versammlungsgrad. Das weitere Entwickeln der Tragkraft erfordert entsprechendes Pferdematerial, gute Kenntnisse und Können des Longenführers. Für die meisten Longenführer ist es kein reelles Ziel der Longenarbeit, denn es setzt voraus, dass sie auf hohem Niveau reiten können. Das korrekte Geraderichten und Versammeln des Pferdes ist nur mit der Doppellonge zu erreichen, da an der einfachen Longe die äußere Begrenzung fehlt.

Fehler erkennen und korrigieren

Reaktion des Pferdes	Häufige Fehler	Verbessern
Sie kommen in der Ausbildung nicht weiter.	Sie arbeiten zwar mit Ihrem Pferd, aber nicht zielgerichtet genug. Sie erreichen kein Ziel, weil Sie sich keines setzen.	Machen Sie sich vor der Arbeit Gedanken darüber, wo Sie gerade stehen, wo Sie hinwollen und wie Sie dorthin kommen können. Longieren Sie abwechslungsreich und zielgerichtet.
	Das Problem liegt an einer anderen Stelle als Sie annehmen.	Holen Sie sich Hilfe von außen. Es ist völlig normal, dass man betriebsblind wird.
	Sie gehen zu schnell vor und lassen dem Pferd zu wenig Zeit. Sie wollen zu viel.	Die Ausbildung braucht viel Zeit. Gehen Sie lieber wieder einen Schritt zurück und starten von da neu.

Korrekturverschnallungen der Longe

Wahrscheinlich haben Sie schon verschiedene Möglichkeiten gesehen, wie die einfache Longe am Pferd verschnallt wurde. Grundsätzlich gilt: Schnallen Sie die Longe in den inneren Gebissring ein. Damit können Sie fast alle Pferde sicher und korrekt longieren.

Wichtig bei jeder Arbeit ist die weiche, immer wieder nachgebend wirkende Hand. Ohne sie wird das Vertrauen des Pferdes schnell zerstört, ein effektives Longieren ist nicht möglich.

Alle weiteren hier beschrenenen Methoden sollten nur von erfahrenen Longenführern in Ausnahmefällen und nur als Korrekturverschnallung über begrenzte Zeit angewandt werden. Das heißt, dass Sie nach einiger Zeit das Pferd korrigiert haben und die Longe wieder normal einhaken können. Machen Sie sich aber Gedanken über die Wirkungsweise der Verschnallung. Vergleichbar ist das mit dem Reiten: Wie nicht jeder Reiter mit einer Kandare reiten kann, so kann nicht jeder Longenführer mit jeder Longeneinschnallung longieren.

Die Kopflonge

Bei der Kopflonge wird die Longe durch den inneren Gebissring über das Genick in den äußeren Gebissring eingehakt. Hierbei werden bei jedem Annehmen der Longe die Lefzen hochgezogen, worauf das Pferd den Kopf hochnehmen will. Gleichzeitig bekommt das Pferd aber Druck auf das Genick, eine sehr empfindliche Stelle – es wird versuchen, nach unten auszuweichen.

Die Kopflonge hat keine eindeutige Wirkungsweise. Sie ist weder zum Lösen noch für die weitere Arbeit eines Pferdes geeignet.

Die Halslonge

Die Halslonge wird ähnlich verschnallt wie die Kopflonge. Dabei wird sie jedoch nicht über das Genick des Pferdes, sondern weiter hinten über den Hals geführt. Durch die weiter hinten liegende Longe wird kein Druck mehr auf das Genick ausgeübt. Die Halslonge wird beispielsweise verwendet, wenn sich ein Pferd trotz intensiver Arbeit nicht selbst trägt oder sich nach kurzer Zeit auf die Zügel legt, ohne dass die Muskulatur durch die Arbeit bereits ermüdet sein könnte. Die Aufrichtung des Pferdes kann mit dieser Verschnallung eine gewisse Zeit unterstützt und so die richtige Muskulatur trainiert werden. Das geschieht aber nur, wenn der seitlich begrenzende Zügel lang genug und höher verschnallt ist. Eine weitere Möglichkeit: Schnallen Sie die Longe durch den inneren Gebissring hindurch und befestigen Sie sie innen am Stirnriemen.
Aber Vorsicht: Die Halslonge kann die relative Aufrichtung des Pferdes nur vorüber-

So können Sie die Aufrichtung des Pferdes zeitweise unterstützen.

Sie erkennen Sie Wirkungsweise selbst ...

gehend unterstützen, sie allein kann die Aufrichtung nicht erreichen. Das wäre die absolute, nur durch die Longe oder den Zügel erzwungene Aufrichtung. Die Aktivität der Hinterhand ist das alleinige Maß für den Grad der Aufrichtung.

Durch den inneren in den äußeren Gebissring

Oft wird die Longe durch den inneren Gebissring hindurch in den äußeren eingehakt, beispielsweise um das nach außen drängende Pferd besser halten zu können. Hierbei wird aber nur das Gebiss im Maul zusammengezogen. Dabei drückt der äußere Gebissring auf die äußere Kinnlade.
Mit dieser Art der Verschnallung stumpft das Pferd ab. Haben Sie ein Pferd, welches nach außen drängt, schauen Sie unter »Longieren von schwierigen Pferden« (S. 103 ff.) nach Lösungswegen.

In das äußere Backenstück

Wenn das Pferd trotz deutlichem Annehmen und Nachgeben der Longe nach außen drängt und sich auf die Hand legt, können Sie den Versuch machen, die Longe ins äußere Backenstück einzuhaken. Hierbei drückt dass Gebiss nicht auf die äußere Kinnlade. Einige Pferde reagieren hierauf sehr gut. Damit können Sie die häufig automatisierte Reaktion des Pferdes, an der

Longe nach außen zu drängen, abstellen. Im Laufe der nächsten Wochen kommen Sie dann wieder vermehrt zur normalen Verschnallung zurück. Das Pferd darf dabei nicht auf die Hand kommen, andernfalls sollten Sie diese Verschnallung nicht verwenden.

Vom Gebissring zum Gurt

Mit der Longe durch den inneren Ring hindurch am Longiergurt befestigt können Sie die Biegung und Stellung des Pferdes verbessern. Beim leichten Annehmen der Longe in Verbindung mit der treibenden Hilfe kann sich das Pferd einfacher im Genick stellen. Geben Sie dann sofort wieder nach. Dies ist aber nur bei bereits losgelassenen Pferden möglich. Feste Pferde werden sich dabei nur im Genick verwerfen.

Wird die Longe zu stark angenommen, kommt es über die äußere Schulter oder weicht mit der Hinterhand aus. Bei der Arbeit mit dieser Longeneinschnallung ist die richtige Dosierung der Longenhilfe besonders wichtig. Richtig angewendet ist sie in jedem Fall eine sinnvolle Ergänzung in der Ausbildung. Tief eingehakt wirkt sie eher dehnend auf die äußere Muskulatur, hoch eingehakt kann man das Pferd besser im Genick stellen. Wenn Sie die Longe außen am Gurt befestigen, begrenzen Sie ein wenig die äußere Schulter. Einige Pferde reagieren hierauf sehr gut und fallen nicht mehr über die äußere Schulter aus.

Die Longe im äußeren Backenstück eingehängt.

Die Longe geht durch den Gebissring zum Gurt.

Die Longe wird vom Gurt aus in den Gebissring eingehakt.

Die Longe in ein übergezogenes Halfter einhaken.

Vom Gurt zum Gebiss

Wird die Longe durch einen großen Karabinerhaken oder den Griff eines Voltigiergurtes hindurch zum inneren Gebissring verschnallt, haben Sie eine noch direktere Einwirkungsmöglichkeit auf das Genick. Die Hilfe kommt aus der gleichen Richtung wie die Zügelhilfe beim Reiten. Aber auch hier ist das Einwirken erst beim gelösten Pferd sinnvoll. Durch leichtes Annehmen der Longe in Verbindung mit der treibenden Hilfe können Sie Ihr Pferd so besser nach innen stellen. Anschließend geben Sie sofort wieder nach.

Verwenden Sie diese Verschnallung aber nur bei Pferden, die sicher in der Anlehnung sind. Drängt das Pferd dabei aber nach außen, können Sie sich schnell festziehen. Diese Möglichkeit des Longierens erfordert von Ihnen ein hohes Maß an Geschick in Bezug auf die Hilfengebung.

Das Pferdemaul schonen

Zum Longieren von jungen oder im Maul empfindlichen Pferden können Sie ein eng anliegendes Stallhalfter mit über die Trense ziehen. Die Longe wird dann in den inneren Gebissring und das Halfter eingehakt, die Hilfszügel durch die Gebissringe verschnallt. Eine weitere Möglichkeit ist es, die Longe mit in das Reithalfter einzuhaken. Verwenden Sie dazu eine Longe mit Lederschnalle oder einen Sporenriemen, in den Sie die Longe einhaken.

Korrekturzügel

Kommen Sie mit den bisher aufgeführten Hilfszügeln trotz intensiver Arbeit nicht weiter, können Korrekturzügel verwendet werden. Da diese Zügel aber bei falscher oder dauernder Anwendung das Ausbildungsziel verfehlen oder sogar Schäden verursachen können, sollten sie nur von Personen verwendet werden, die sich damit auskennen. Grundsätzlich holen Sie sich am besten den Rat einer erfahrenen Person, wenn Sie in der Ausbildung nicht weiterkommen. Denn häufig liegt die Ursache für Ihr Problem nicht unbedingt da, wo Sie sie vermutet haben. Über Betriebsblindheit haben wir ja schon gesprochen – sie ist nach einigen Jahren Arbeit fast unvermeidlich.

Die Wirkung der folgenden Hilfszügel soll ihren Gebrauch überflüssig machen.

Das bedeutet, dass Sie nach vorübergehendem erfolgreichem Gebrauch dieser Korrekturzügel wieder den Laufferzügel verwenden können. In Bezug auf die korrekte Verschnallung dieser Zügel gelten die gleichen Kriterien wie unter »Die gebräuchlichsten Hilfszügel« beschrieben. Vor allen Dingen beim höheren Verschnallen dieser Korrekturzügel gilt folgendes:

Die Aktivität der Hinterhand ist das alleinige Maß für den Grad der Aufrichtung.

Das Gogue ermöglicht die Dehnungshaltung.

Ein Hochbinden des Pferdes ohne das nötige Untertreten der Hinterhand führt zu Rückenschäden und kann ein Pferd unbrauchbar machen.

Diese hier aufgeführten Hilfszügel habe ich in über zwanzig Jahren Longieren von mehreren tausend Pferden nur bei wenigen Pferden angewendet.

Das Gogue

Das Gogue besteht aus einem Genickstück mit je einem Ring an jeder Seite des Kopfes und einem verstellbaren Lederstück mit einem Ring. Das Lederstück wird am Gurt zwischen den Vorderbeinen befestigt. Eine lange Kordel läuft vom Lederstück durch den Gebissring, dann durch den Ring am Genick und wieder durch den Ring am Lederstück. Von dort läuft die Kordel durch den anderen Gebissring, durch den Ring am Genick und wieder zum Lederstück. Dort wird sie befestigt. So bildet sich rechts und links jeweils ein Dreieck. Wenn Sie zwei einzelne Kordeln für die rechte und linke Seite verwenden, müssen beide Kordeln gleich lang sein.

Hebt das Pferd nun den Kopf, übt das Gogue Druck auf das Genick aus. Weil dort eine sehr empfindliche Stelle ist, weicht das Pferd nach unten aus und gibt nach. Ein Teil des Druckes geht auf das Gebiss, wodurch das Pferd nach vorne begrenzt wird. Dort findet es dann eine Anlehnung. Wenn die intensive Arbeit mit dem Laufferzügel über längere Zeit keinen Erfolg bringt, können Sie mit dem Gogue das Pferd nach oben begrenzen. Benutzt wird das Gogue für Pferde, die sich stark nach oben entziehen und nicht nachgeben. Oft ist die Reaktion des Pferdes auf die starren seitlichen Hilfszügel – Ausbinder, Laufferzügel, Dreieckszügel zu kurz verschnallt, harte Reiterhand – automatisiert: durch Druck auf die Kinnlade hält sich das Pferd oben fest. Die Pferde haben oftmals kein Vertrauen zum Vorwärts-Abwärts-Dehnen. Mit dem Gogue wird dieser Automatismus durch eine neue Wirkungsweise durchbrochen.

Anfangs wird das Gogue etwas länger verschnallt, um das Pferd daran zu gewöhnen. Dann können Sie es über das Lederstück so weit verkürzen, dass das Pferd den Druck spürt, wenn es sich raushebt. Gibt das Pferd nach, findet es eine Anlehnung. Weicht das Pferd während dieser Arbeit über die äußere Schulter aus, sollten Sie an einer Abgrenzung entlanglongieren, an der das Pferd nicht ausweichen kann. Auf keinen Fall dürfen Sie das Pferd mit dem Gogue nach unten ziehen. Die Kordel muss immer locker werden, wenn das Pferd nachgibt. Bei festen Pferden können 10 Minuten Schritt in Dehnungshaltung für die erste Trainingseinheit schon ausreichend sein. Dabei wird Muskulatur genutzt, die das Pferd sonst nicht einsetzt. Verlangen Sie deshalb am Anfang nicht zu viel von Ihrem Pferd. In den nächsten Trainingseinheiten intensivieren Sie Ihre Arbeit. Das Verlagern des Zirkels und die Übergänge in und zwischen den Gangarten lösen das Pferd. So gewinnt es Vertrauen zur Dehnungshaltung.

Nun wird der Laufferzügel wieder mit angelegt, aber länger verschnallt. Im Laufe der nächsten Trainingseinheiten können Sie nach dem Lösen die Laufferzügel weiter verkürzen und das Gogue verlängern. So wird das Pferd mit der Zeit wieder an die Laufferzügel gewöhnt, das Gogue ist überflüssig. Sie sollten ohnehin nicht ständig damit arbeiten, weil es dem Pferd die Möglichkeit verwehrt, an den äußeren Zügel zu treten. Außerdem können die Pferde bei ständiger Arbeit mit dem Gogue zu tief kommen.

Das Chambon

Auch das Chambon besteht aus einem Genickstück mit zwei Ringen, einem Lederstück mit Ring und einer entsprechend langen Kordel. Diese wird an einem Gebissring befestigt und läuft durch den Ring am Genick, durch den Ring am Lederstück, durch den zweiten Ring am Genick und wird dann am anderen Gebissring befestigt.

Da das Chambon keine Begrenzung nach vorne bietet, ist es für Pferde geeignet, die sich an starren Zügeln einrollen und keine Anlehnung suchen. Daneben bietet es sich für Pferde an, die auf jegliche Beeinflussung der Kinnlade negativ reagieren, und zwar mit Taktfehlern, Festhalten oder, indem sie sich gegen den Zügel wehren – meistens hat hier der Mensch negativ gewirkt. Diese Pferde können unabhängig von Druck auf die Kinnlade gehen. Das Chambon wirkt, indem die Lefzen in

Das Chambon.

Das Pferd weicht mit Halsverlängerer aus.

einer Abgrenzung entlang. Hat es gelernt, den Hals fallen zu lassen, kann man nach einiger Zeit das Gogue verwenden. Dieses bietet dem Pferd die Möglichkeit, eine Anlehnung zu finden. Zur weiteren Vorgehensweise siehe weiter vorne unter Gogue.

Der Halsverlängerer

Der Halsverlängerer besteht aus einem durchgehenden Gummiseil, welches zwischen den Vorderbeinen oder an beiden Seiten des Pferdes am Gurt befestigt wird. Von dort verläuft er durch die Gebissringe über das Genick.

Der Halsverlängerer eignet sich für Pferde, die nicht mit einem starren Zügel zu longieren sind. Sie stoßen sich beispielsweise ständig stark an einem starren Hilfszügel, wodurch es zu Verletzungen im Maul kommt.

Mit dem Halsverlängerer wird das Pferd begrenzt, im Gegensatz zum Laufferzügel aber weich. So können Sie das Vertrauen des Pferdes zum Zügel langsam wiederaufbauen. Ist dieses Vertrauen gefestigt, können Sie den Laufferzügel zusätzlich mit anlegen. Er wird dabei so verschnallt, dass er nicht locker herumschlägt, aber auch noch nicht wirkt. Indem im Laufe der nächsten Zeit der Laufferzügel durch Verkürzen immer mehr zur Wirkung kommt, wird das Pferd wieder an die Arbeit mit einem festen Hilfszügel gewöhnt. Für alle anderen Pferde ist der Halsverlängerer nicht geeignet, da er aus Gummi ist.

dem Moment hochgezogen werden, in dem das Pferd den Kopf hebt. Gleichzeitig bekommt es Druck auf das Genick. Als Gegenreaktion streckt das Pferd den Kopf abwärts, die Anlehnung geht verloren. Das widerspricht der eigentlichen Reitlehre. Aus dem Grund wird das Chambon wirklich nur in seltenen Ausnahmefällen und nur vorübergehend verwendet. Beginnen Sie auch hier die Arbeit mit lang verschnalltem Chambon, welches Sie im Verlauf der Trainingseinheit verkürzen können. Auf keinen Fall dürfen Sie das Pferd mit dem Chambon nach unten ziehen. Die Kordel muss immer locker werden, wenn das Pferd nachgibt. Drängt das Pferd nach außen und weicht über die äußere Schulter, longieren Sie an

Weitere Hilfszügel aus Gummi

Können Sie sich vorstellen, beim Reiten einen Zügel aus Gummi zu benutzen? Sicherlich nicht. Deswegen sind alle Hilfszügelarten in Verbindung mit Gummi für die Arbeit mit dem Pferd nicht geeignet. Das Pferd wird den Gummizügel so lang ziehen, dass es ihm nicht weh tut, es sich aber darauf legen kann. Bei jedem Gangartwechsel entzieht sich das Pferd durch Ziehen des Zügels nach vorne. Ein Abstoßen vom Gebiss ist nicht möglich.

Der Aufsatzzügel

Für den Aufsatzzügel benötigt man das Genickstück vom Chambon und eine entsprechend lange Kordel. Diese wird oben über dem Widerrist am Gurt befestigt und läuft beidseitig durch die Ringe des Genickstückes zu den Gebissringen. Der Aufsatzzügel wird immer in Verbindung mit dem höher verschnallten Laufferzügel oder Ausbinder verwendet. Er hat eine stark aufrichtende Wirkung durch den Lefzenzug nach oben, wenn sich das Pferd auf den Zügel legt. Der Aufsatzzügel darf aber nur in Ausnahmesituationen verwendet werden, wenn sich ein Pferd trotz intensiver, abwechslungsreicher Arbeit, auch auf kleineren Linien und aktiver Hinterhand, nicht aufrichten lässt und sich nicht selbst trägt. Waren auch die Verwendung der Halslonge oder das höhere Schnallen des inneren Ausbinders nicht erfolgreich, kann der Aufsatzzügel die Aufrichtung unterstützen.

Das Pferd ist zu kurz ausgebunden.

Der Aufsatzzügel wirkt nur, wenn sich das Pferd nicht selbst trägt.

Wenn das Pferd in natürlicher relativer Aufrichtung geht, muss der Aufsatzzügel durchhängen. Er wirkt nur, wenn das Pferd zu tief kommt. Entscheidend ist es, den Zeitpunkt zu erkennen, an dem das Pferd sich nicht mehr trägt, weil die Tragemuskulatur ermüdet. Dann müssen Sie die Arbeit unbedingt beenden.

Das korrekte Einstellen des zweiten Hilfszügels ist hier besonders wichtig. Das Pferd muss mit der Stirn-Nasenlinie vor der Senkrechten stehen, damit das Genick der höchste Punkt sein kann. Lieber den zweiten Hilfszügel vorübergehend zu lang verschnallen – wichtig ist, dass das Pferd sich trägt.

Der Stoßzügel

Der Stoßzügel sollte nicht zum Longieren verwendet werden, da er Druck auf das Gebiss erzeugt, worauf das Pferd mit Gegendruck nach oben reagiert. Gibt es aber nach, geht die Anlehnung verloren. Auch fehlt die seitliche Begrenzung.

In der Arbeit können Sie die unterschiedlichsten Hilfszügel oder Longeneinschnallungen sehen. Bei jedem Imitieren sollten Sie sich aber vorher Gedanken über Sinn und Unsinn machen und abschätzen, ob diese dem eigenen Können und dem Ausbildungstand Ihres Pferdes entsprechen.

Longieren von schwierigen Pferden

Befasst man sich mit dem Thema »Longieren von schwierigen Pferden«, so findet man viele Probleme wieder, vor die man in der täglichen Arbeit gestellt wird. Die Ausbildung eines Pferdes wird ständig begleitet von der Frage: Was mache ich jetzt? Im Folgenden werden mögliche Ursachen erfasst und die entsprechenden praxisnahen Lösungswege beschrieben. Grundsätzlich gehe ich davon aus, dass die Zähne des Pferdes regelmäßig kontrolliert werden (mindestens einmal jährlich) und auch ansonsten kein Befund vorliegt. Der Sattel zum Reiten und der Gurt zum Voltigieren sollten selbstverständlich passen. **Wenn Sie diese Punkte bei Problemen mit dem Pferd ausschließen können, kann Ihnen das folgende Kapitel bei vielen Fragen weiterhelfen.**

Fast immer treten bei der Arbeit mit Pferden mehrere Schwierigkeiten gleichzeitig auf. Die Skala der Ausbildung gibt die Möglichkeit, diese Schwierigkeiten den einzelnen Punkten der Ausbildungsskala zuzuordnen und so eine Reihenfolge zu finden, sie nacheinander zu lösen:

Zum Beispiel: Das Pferd eilt, ist in Außenstellung, geht gegen der Zügel und lässt die Longe ständig durchhängen:

Das Pferd eilt	⇒	Takt
Das Pferd geht gegen den Zügel	⇒	Losgelassenheit
Das Pferd lässt die Longe durchhängen	⇒	Anlehnung
Das Pferd stellt sich nach außen	⇒	Geraderichtung

Daraus kann man nun folgende Schlüsse ziehen: Keinesfalls darf durch ständiges Treiben versucht werden, die Anlehnung zu verbessern, weil das Pferd dabei nur eilt (Takt vor Anlehnung). Die durchhängende Longe ist in dem Fall der kleinere Fehler, Sie regulieren mit Stimme, Körpersprache und Wellen durch die Longe den Takt des Pferdes. Durch weiteres abwechslungsreiches Arbeiten löst sich das Pferd, der Rücken beginnt zu schwingen. Das Verändern der Zirkellinie verbessert die Anlehnung an die Longe. Die ganze Zeit stellt sich das Pferd dabei nach außen. Keinesfalls stellen Sie es mit dem Zügel nach innen (oder ziehen Sie beim Reiten nur am inneren Zügel?). Durch zusätzliche Arbeit wird die natürliche Schiefe des Pferdes weiter reduziert, Sie können mit der erarbeiteten Anlehnung das Pferd immer häufiger nach innen stellen. Bei der Arbeit mit dem Pferd muss ich mich ständig zwischen dem einen oder anderen Fehler entscheiden und dabei abwägen, was für mich im konkreten Fall wichtiger ist:

● Entweder, das Pferd macht sich beim fleißigen Angaloppieren fest, oder es »schleicht« in den Galopp und bleibt locker. Letzteres ist auf jeden Fall sinnvoller. Geben Sie vorsichtige Hilfen zum Angaloppieren und lösen Sie das Pferd weiter.

● Das junge Pferd galoppiert von selbst ruhig und geschlossen an. Das ist zwar Ungehorsam – mit meinen Hilfen bekomme ich das Pferd momentan aber nicht so ruhig angaloppiert. Also lasse ich es galoppieren.

● Das Pferd kommt beim konsequenten – also gehorsamen – Durchparieren vom Trab in den Schritt auf die Vorhand. Wenn ich es

Zu Beginn des Training eilig ...

... nach dem Lösen gelassen.

ein wenig auslaufen lasse, kann ich durch geeignete Longenhilfen und zusätzliche treibende Hilfen die Hinterhand unter den Körper des Pferdes bringen. Hier ist das Auslaufenlassen der kleinere Fehler, der leichter zu korrigieren ist.

Nicht selten gibt es aber einen ersten Punkt, der entscheidend für den Erfolg beim Longieren ist: für mich der Punkt »null« der Skala der Ausbildung, der **Gehorsam**. Um überhaupt irgendetwas erreichen zu können, muss Ihr Pferd gehorsam sein und sich Ihnen unterordnen. Es muss auf die Hilfen reagieren und darf Ihnen »nicht auf der Nase herumtanzen«.

Wenn das Pferd anfangs zwar gut mitarbeitet, nach einiger Zeit aber nachlässt, ist häufig Konzentrations- oder Kraftmangel die Ursache. Machen Sie daher regelmäßig, etwa alle 15–20 Minuten, eine Pause und entfernen dabei die Hilfszügel. Hören Sie grundsätzlich früh genug mit der Arbeit auf. Weniger ist oft mehr.

Vergessen Sie dabei nicht: Pferde sind unterschiedlich, und nicht alle Pferde reagieren auf die untenstehenden Lösungswege wie beschrieben. Natürlich müssen Sie immer beobachten, wie Ihr Pferd auf die Hilfen reagiert und dann entscheiden, ob das der richtige Weg ist. Probieren Sie Verschiedenes aus, denn dadurch lernen Sie Ihr Pferd kennen und sammeln Erfahrung. Wenn Sie bei der Arbeit einmal einen Fehler machen, ist das nicht weiter schlimm. Sie dürfen ihn nur zukünftig nicht ständig wiederholen – genau wie beim Reiten.

Eilige Pferde

Einige Pferde kommen beim Longieren ins Laufen und sind oft ängstlich, wodurch sinnvolle Arbeit nicht möglich ist. So verhalten sich häufig Pferde, die schlechte Erfahrungen beim Longieren gemacht haben. Möglicherweise sind sie aber auch sensibel und reagieren leicht auf äußere Einflüsse, oder sie sind sehr gehfreudig.

In vielen Fällen eilt das Pferd aber, weil es sich so besser ausbalancieren kann. Im eiligen Tempo muss das Pferd nicht so viel Tragkraft entwickeln. Oder es hat gelernt, sich über Tempo der Arbeit zu entziehen. In jedem Fall ist ein Weiterkommen in der Ausbildung nicht möglich, weil das Pferd die innere Losgelassenheit nicht erreicht.

In der Unterscheidung dieser möglichen Ursachen liegt allerdings auch die Schwierigkeit. Rennt das Pferd nun, weil es Angst hat, oder eilt es mit festgehaltenem Rücken, weil es leichter ist? Probieren Sie folgendes aus und achten Sie auf die Reaktion des Pferdes: Eilt Ihr Pferd an der Longe davon und reagiert nicht auf Ihre Hilfen, sprechen Sie es energisch an. Versuchen Sie, es sehr konsequent durchzuparieren. Eventuell sollten Sie die Longe aufnehmen und vor das Pferd gehen. Wird das Pferd dabei aufmerksam, kommt im Tempo zurück und lässt sich auf einmal regulieren, ist es sicherlich nicht ängstlich oder unsicher. Durch konsequenten Umgang beim Putzen, Führen und Longieren wird Ihr Pferd immer gehorsamer auf Ihre Hilfen reagieren und effektives Arbeiten wird möglich.

Reagiert es allerdings hektisch oder gar panisch und wird immer unruhiger, ist die Ursache wahrscheinlich fehlendes Vertrauen oder Angst. Die innere Losgelassenheit wird nicht erreicht. Hier hilft nur sehr viel Geduld. Mit rauen Mitteln kommt man bei solchen Pferden nicht weiter. Sie müssen »die Ruhe selbst« sein und immer kontrolliert sprechen, reagieren und auftreten. Die gesamte Hilfengebung und der Umgang mit dem Pferd sollen zwar konsequent, dabei aber ruhig sein. Das Beruhigen des Pferdes hat in diesem Fall Vorrang vor dem absoluten Gehorsam. Meistens rennt das Pferd schon beim Herauslongieren los und galoppiert Runde für Runde, ohne dass Sie einwirken können. Versuchen Sie in diesem Fall nicht, das Pferd sofort wieder durchzuparieren. Achten Sie darauf, dass nichts passieren kann, das heißt, legen Sie einen großen Zirkel an und lassen Sie das Pferd erst einmal laufen. Dabei sollten Sie nicht an der Longe reißen, mit der Peitsche wedeln oder herumschreien. Das macht das Pferd nur noch nervöser. So wird es im Laufe der Zeit von selbst zurückkommen und sich beruhigen. Auch, wenn ein Pferd erst einmal »Dampf ablassen« muss, sollten Sie es nach dem Erwärmen etwas laufen lassen. In jedem Fall ist es dann gehorsamer, sobald es sich beruhigt hat. Im Laufe der Ausbildung sind Sie immer früher in der Lage, sich mit Ihren Hilfen beim Pferd durchzusetzen.

Wissen Sie schon vorher, dass Ihr Pferd am Anfang der Arbeitsstunde so reagiert, sollten Sie es 10 Minuten mit angelegten Hilfszügeln führen. Dabei ist es besser kontrollierbar und Sie können beispielsweise durch Gehen und Stehen den Gehorsam des Pferdes verbessern. Gehorsame Pferde vertrauen dem Leittier, weil sie sich untergeordnet haben. Wenn Sie jedoch versuchen, die 10 Minuten im Schritt zu longieren, ist die Gefahr groß, dass das Pferd losstürmt und sich dabei verletzt.

Ein entscheidender Punkt beim Longieren von sensiblen Pferden ist, dass Sie mit ihnen abwechslungsreich arbeiten. Das Pferd darf gar keine Zeit haben, sich ablenken zu lassen. Nur weil es so empfindlich reagiert, dürfen Sie nicht in der Mitte stehen und nichts tun. Die Arbeit muss ruhig, aber konsequent sein. Treten Sie dem Pferd gegenüber souverän auf. Dadurch entstehen Vertrauen und Respekt. So lernt es, sich auszubalancieren und besser das geeignete Grundtempo zu finden.

Ein weiterer Grund für das Eilen des Pferdes könnte sein, dass Sie ein falsches Bild von Fleiß haben und das Pferd ständig mit treibenden Hilfen über Tempo arbeiten: **Eilig ist nicht gleich fleißig!** Lassen Sie sich von außen korrigieren und prägen Sie sich das Bild des angepassten Grundtempos ein.

Verbessern von Fleiß und Gehfreude

Ist das Pferd faul und triebig, müssen Sie Ursachen wie falsche Fütterung, Überlastung, unpassender Sattel oder Gurt sowie Zahnprobleme oder Krankheit zunächst ausschließen. Oft ist es für Reiter oder Longenführer in diesem Fall sehr anstrengend, das Pferd vorwärts zu arbeiten. Es kommt auf die Vorhand, die dadurch vermehrt belastet wird.

Häufig haben diese Pferde keinen Respekt vor der Peitsche oder sind durch dauerndes Treffen mit der Peitsche abgestumpft. Genau wie beim Reiten ist es auch hier falsch, wenn Sie ständig mit 80 Prozent treibenden Hilfen einwirken müssen, nur damit Ihr Pferd einigermaßen fleißig ist. Es soll im Laufe der Ausbildung ausreichen, dass Sie in der Zirkelmitte stehen und eine Peitsche in treibender Position halten. Reagiert das Pferd darauf nicht genügend, müssen Sie es wieder an die treibende Hilfe stellen. Binden Sie das Pferd hierfür nicht zu kurz aus. Je weniger es sich treiben lässt, desto länger sollten die Hilfszügel sein.

Um das Pferd wieder zu sensibilisieren, hat es sich bewährt, in folgender Reihenfolge vorzugehen:

● Longieren Sie an einer Begrenzung entlang, an der das Pferd nicht ausweichen kann. Galoppieren Sie an und drohen Sie dem Pferd durch das Senken der Peitsche und mit der Stimme, zum Beispiel durch lautes mehrfaches Schnalzen. Versuchen Sie aber noch nicht, den Schlag in Richtung Pferd zu werfen. Zuerst wird nur gedroht.

● Reagiert das Pferd nicht oder nicht genügend, sprechen Sie es deutlich an und touchieren es konsequent mit der Peitsche, bis es reagiert. Gehen Sie dabei in Richtung Hinterhand des Pferdes. Auf so eine deutliche Hilfe muss es »zünden« und energisch vorwärts springen. Sie müssen dabei im wahrsten Sinne des Wortes »übertreiben«. Dann führen Sie das Tempo wieder zurück und parieren durch. Lassen Sie das Pferd nicht rundenlang wegrennen.

● Benutzen Sie auf jeden Fall immer die Stimme in Verbindung mit der Peitsche. Treffen Sie Ihr Pferd nicht ohne Vorwarnung – sonst reagieren Pferde gar nicht mehr oder aber viel zu heftig.

● Das Touchieren mit der Peitsche muss beim Pferd eine energische Reaktion hervorrufen. Dadurch dass es so heftig reagiert, wird es sensibilisiert. Die Reaktion muss so energisch sein, dass sich das Pferd in einigen Minuten noch daran erinnern kann. Beim nächsten Mal reichen schon kleinere Hilfen, denn treiben ist nicht gleich treffen!

Halten Sie sich an diese Abfolge: Drohen – Reaktion abwarten – bei ungenügender Reaktion übertreiben.

Sensibilisieren Sie Ihr Pferd vor allen Dingen im Galopp, denn nur dann hat es auch eine Chance, auf die treibende Hilfe mit Anspringen zu reagieren. Versuchen Sie es auf keinen Fall im Schritt. Das führt nur zu Taktfehlern und stumpft das Pferd ab. Im Trab werden die Pferde eilig oder springen in den Galopp an.

Zusätzlich müssen Sie die Gehfreude des Pferdes wieder verbessern. Es soll Spaß an der Arbeit haben. Gutes Reiten und sinnvoller Einsatz des Pferdes sind dabei von entscheidender Bedeutung:

So soll ein Pferd auf das Touchieren reagieren.

● Geländereiten ist als psychischer Ausgleich am besten geeignet. Dabei schulen Sie besonders die Hinterhand, die Gehfreude wird größer. Auch dressurmäßige Lektionen können im Gelände geritten werden.

● Springen: Für die Rückentätigkeit und Hinterhandaktivität ist das Springen hervorragend geeignet. Priorität hat hier aber die gymnastizierende Arbeit, nicht die Höhe der Sprünge.

● Freispringen: Gymnastikreihen sind genauso wertvoll wie beim Springen. Die Belastung ist relativ gering, der Nutzen aber sehr hoch.

● Dressur: Wichtig hierbei ist immer wieder das Lösen des Pferdes unter Einbeziehung von Tempowechseln im Trab und Galopp.

● Longieren Sie viel draußen. Dabei entwickelt das Pferd viel mehr Gehfreude als in der Reithalle.

• Stehtage sind Gift für jedes Pferd. Kein Pferd sollte einen ganzen Tag in der Box stehen, erst recht nicht nach einer Belastung am Vortag, z. B. einem Turnier.

Pferde, die sich nicht lösen

Feste Pferde

Für viele feste Pferde ist das Erreichen der Losgelassenheit das Stundenziel. Fällt dem verspannten, festen Pferd das fleißige Traben anfangs schwer, arbeiten Sie es in einem ruhigen Tempo, gerne auch unter Tempo. Unter dem Punkt »Takt« in der Ausbildungsskala heißt es: »Arbeiten Sie Ihr Pferd in einem fleißigen aber dem Pferd angepassen Grundtempo«. Und angepasst heißt hier ganz klar: Das feste Pferd darf sich in den ersten Minuten zuerst einmal »warmjoggen«. Wichtig: Binden Sie es dabei aber nicht zu tief aus: Druck von unten erzeugt Gegendruck nach oben. Nach einigen Minuten können Sie mit den ersten Wechseln in den Galopp beginnen. Hierbei wird die Rückentätigkeit mehr gefördert als im schwunglosen Trab. Weil es diesen Pferden leichter fällt, wollen sie häufig sowieso direkt galoppieren. Nach jeder Galoppeinheit, bei der Sie die Galoppsprünge mehr und mehr verlängern können, fällt dem Pferd das fleißige Traben leichter.

Wenn sich Ihr Pferd nach den ersten 15 Minuten noch nicht gelöst hat, aber schon erwärmt ist, können Sie die Arbeit intensivieren. Außer bei festen Pferden, siehe oben, reicht hier ein wenig Schritt-Trabarbeit nicht

aus. Das abwechslungsreiche Longieren im frischen Tempo ist besonders wichtig. In jeder Runde folgt eine neue Lektion. Bodenrickarbeit und das Verkleinern und Vergrößern des Zirkels sind besonders geeignet. Das Pferd wird durch das Aktivieren der Hinterhand so »von hinten nach vorne« gelöst. Für diese Arbeit muss der Laufferzügel sicherlich etwas kürzer verschnallt werden, so dass die Stirn-Nasenlinie an der Senkrechten steht. Der Zügel bildet den Gegenpol zur treibenden Hilfe, die damit nicht in schnellem Tempo verpufft, sondern durch vermehrtes Untertreten der Hinterhand das Pferd gymnastiziert. Wenn sich das Pferd dann löst und nachgibt, wird es sich abwärts dehnen. Die Vorwärtsbewegung ist mit dem kurzen Zügel allerdings nicht möglich. Das Pferd fällt hinter die Senkrechte. Dementsprechend müssen Sie den Zügel schrittweise wieder verlängern, damit das Pferd mehr vorwärts kommen kann. Vergleichbar mit dem Reiten stellen Sie Ihr Pferd somit anfangs durch und wenn es nachgibt, geben auch Sie nach. Longieren Sie das Pferd anschließend in reeller Dehnungshaltung, damit sich die entsprechende Muskulatur entwickelt und die Losgelassenheit gefestigt wird. Im Laufe der Zeit wird sich Ihr Pferd immer schneller lösen. Wenn Sie eine genügende Anlehnung haben, können Sie beim erwärmten Pferd die Longe durch den inneren Gebissring hindurchziehen und am Gurt befestigen. Durch ständiges Variieren der Zirkellinie können Sie damit das Pferd zuerst einmal über das Verbessern der Beweglichkeit im

Hals weiter lösen. Dies geht mit längeren und tieferen Zügeln besser als mit kurzem hohem Zügel. Wenn sich das Pferd dabei noch nicht in Genick stellt, ist das kein Problem. Ziehen Sie Ihr Pferd aber nicht nach innen, sondern nehmen Sie immer wieder in Verbindung mit der treibenden Hilfe an und geben dann wieder nach. Möglicherweise müssen Sie über einen anderen Hilfszügel als den Laufferzügel nachdenken, der dem Pferd besser den Weg in die Dehnungshaltung zeigt. Im Kapitel »Korrekturzügel« (S. 97 ff.) werden diese eingehend erklärt.

Fehlende innere Losgelassenheit

Bei diesen Pferden entsteht der Eindruck, dass sie im eiligen Tempo ständig auf der Flucht sind. Die innere Losgelassenheit wird nicht erreicht. Der Grad zwischen fleißigem und eiligem Tempo ist dabei sehr schmal. Möglicherweise ist das Pferd gar nicht zu eilig, und trotzdem hat man den Eindruck, dass es unzufrieden ist und wegläuft.

Ein Pferd, das rennt, löst sich nicht.

Einige Pferde halten sich im Galopp sehr fest oder drehen innerlich auf. Hierbei oder wenn Ihr Pferd zu Beginn der Arbeit zu eilig ist, longieren Sie es im Trab in einem etwas untertourigen Tempo. Dieses in dieser Phase dem Pferd angepasste Grundtempo in Verbindung mit Schritt-Trabübergängen holen das Pferd immer wieder im Tempo zurück. Eventuell gehen Sie die Longe aufnehmend dichter ans Pferd und mit dem Pferd

mit. So können Sie besser einwirken und es zurücknehmen. Durch diese ruhige Arbeit wird es zufriedener, schnaubt ab und löst sich auf jeden Fall schneller, als wenn es ständig vorangetrieben wird. Zum weiteren Lösen der Muskulatur und, um die äußere Losgelassenheit zu erreichen, lassen Sie die Übergänge zum Galopp miteinfließen. Im frischen Grundtempo wird so die Oberlinie des Pferdes aktiviert. Das Pferd beginnt im ganzen Körper zu schwingen. Das hilft natürlich nur, wenn es sich beim Galopp nicht aufregt und rennt. In diesem Fall sind die Übergänge zum Schritt erst einmal hilfreicher.

Im anschließenden ruhigen Trab verbessern Sie wiederum die innere Losgelassenheit. Sie werden feststellen, dass das Pferd innerhalb kurzer Zeit zufriedener wird. Ist das Pferd schließlich gelöst, arbeiten Sie im fleißigen Grundtempo weiter.

Das ist Losgelassenheit.

Anlehnungsprobleme

Pferde, die nach außen drängen

Viele Pferde drängen an der Longe ständig nach außen und benutzen sie als Stütze. Wenn nicht der äußere Zügel zu kurz ist und das Pferd nach außen stellt, gibt es dafür nur eine Ursache:

Nicht das Pferd zieht, sondern der Longenführer, nämlich dagegen!

Vor allem junge oder nicht ausbalancierte Pferde sowie solche, die gelernt haben, die Longe als Stütze zu gebrauchen, drängen gern nach außen. Das Problem ist aber

Pferde, die nach außen drängen, verwerfen sich im Genick.

immer der Longenführer, der dagegenhält. Sobald Sie länger als 3 Sekunden Druck in der Hand haben, haben Sie sich festgezogen, nicht das Pferd. Es verstellt sich dabei im Genick und macht sich fest. Von sinnvoller Arbeit kann keine Rede sein.

Genau wie beim Reiten dürfen Sie es dem Pferd nicht gestatten, sich auf Ihre Hand zu legen. Durch weiches Annehmen der Longe und schnelles Nachgeben kommt Ihr Pferd von der Hand. **Sie dürfen aber immer nur so viel nachgeben, wie Sie vorher angenommen haben.** Denn Sie sollen nicht ständig nachgebend hinter dem Pferd herlaufen, sondern auf einer Stelle stehen bleiben. Je weniger sich Ihr Pferd auf die Hand legl, desto weniger nehmen Sie an und geben Sie nach. Longieren Sie das Pferd eventuell mit zwei Personen, wobei einer die Peitsche und der andere die Longe hält. So können Sie sich ganz auf eine Aufgabe konzentrieren.

Ein Hilfszügel, der das Pferd seitlich begrenzt (Laufferzügel, Ausbinder) ist hier unverzichtbar. Zum Lösen longieren Sie das Pferd an Begrenzungen entlang. Dort kommen Sie zum Nachgeben und können genügend treiben, ohne dass das Pferd nach außen drängt. Wichtig ist hierbei, dass Sie Ihr Pferd an den offenen Seiten früh genug mit der Longe nach innen stellen und so auf das Abwenden vorbereiten. Ziehen Sie es nicht im letzten Moment herum. Longieren Sie es durch Annehmen und Nachgeben wieder zur Begrenzung. Es darf dabei nicht auf die Hand kommen. Gegebenenfalls gehen Sie an der offenen Seite in Richtung hinter das Pferd, damit es durch Ihre Stellung von hinten getrieben wird, nicht mehr von der Seite – das hat sich schon oft bewährt. Je gelöster Ihr Pferd nun ist, desto weniger Begrenzungen werden benutzt. Denken Sie aber daran, dass Sie entweder ganz an der Begrenzung longieren, oder weit davon entfernt. Oftmals ist es bei ziehenden Pferden sinnvoller, die Longe zu halten wie den Zügel beim Reiten. So verkrampfen Sie nicht im Handgelenk und können die Longe leichter halten.

Wenn Ihr Pferd an einer ganz bestimmten Stelle nach außen drängt, so zum Beispiel ab X in Richtung der Bande, so haben Sie etwa eine viertel Runde vorher das Pferd nicht genügend vorbereitet. Suchen Sie in dem Fall spätestens 10 Meter vor X eine Anlehnung und stellen Sie das Pferd mit der Longe immer wieder weich nach innen. Auch hier kann es helfen, in dem Moment hinter das Pferd zu gehen.

Durch abwechslungsreiches Arbeiten wird das Pferd immer weiter gymnastiziert, es biegt sich besser. Ihr Pferd lernt, sich auszubalancieren und kann so im Laufe der Zeit auf der Zirkellinie gehen, ohne nach außen zu drängen.

Pferde, die in den Zirkel drängen

Häufig kann man beobachten, dass Pferde in den Zirkel drängen und die Longe durchhängt. Dabei können Sie mit der Longe nicht mehr so gut auf das Pferd einwirken. Oftmals kommt die treibende Hilfe nicht durch, das Pferd reagiert nicht genügend auf Ihre vorwärts-seitwärts-treibenden Hil-

Das Verlagern des Zirkels verbessert die Anlehnung.

fen. Eine weitere mögliche Ursache ist das fehlende Vertrauen des Pferdes zur Hand. Ist diese nicht weich genug oder wurde das Pferd mehrfach mit der Hand gestraft, traut es sich nicht mehr, die Anlehnung zu suchen. Bei jungen Pferden muss die Anlehnung erst noch erarbeitet werden. Kontrollieren Sie beim Longieren Folgendes:

● Die Stellung der Zügel. Das Pferd wird grundsätzlich geradeaus gestellt, eventuelles Stellen des Pferdes auf die Zirkellinie wird mit der Longe erreicht.

● Steht Ihr Pferd wirklich an den treibenden Hilfen und hat es genügend Respekt vor der Peitsche? Andernfalls müssen Sie sich den Respekt erarbeiten. Es nützt meistens sehr wenig, die Peitsche nur in Richtung Schulter zu halten. Treiben Sie Ihr Pferd von hinten vorwärts-seitwärts. Es darf dabei aber nicht eilig werden.

Haben Sie diese beiden möglichen Ursachen ausgeschlossen, dauert es sicherlich mehrere Wochen, die korrekte Anlehnung zu erarbeiten. Dazu müssen Sie mit der Hand sehr weich sein und dem Pferd Vertrauen geben. Verlagern Sie immer wieder den Zirkel in alle Richtungen und allen Gangarten. Wenn Sie dabei etwas vor dem Pferd losgehen, geht es besser geradeaus. Je besser das Pferd an die Hand kommt, desto weniger bewegen Sie sich vor dem Pferd. Gehen Sie aber unbedingt geradeaus und nicht im Kreis. Normalerweise reicht es, wenn Sie zwei oder drei Schritte geradeaus gehen, um das Pferd auf die gerade Linie zu bringen. In dem Moment, in dem Sie stehenbleiben, treiben Sie Ihr Pferd weiter vorwärts-seitwärts. Es geht so weiter geradeaus und an die Hand heran. Die Anlehnung wird so immer stetiger.

Durch das Verkleinern und Vergrößern des Zirkels lernt das Pferd, die Anlehnung zur Longe selbständig zu suchen. Beim Vergrößern soll das Pferd möglichst auf einer geraden Linie direkt die gesamte Longe nehmen. Häufig werden Pferde bei dem Versuch, sie herauszutreiben, eilig. Nehmen Sie in dem Fall die Longe einige Schläge kürzer und gehen Sie parallel mit dem Pferd auf einem Kreisbogen mit. Weil Sie dicht am Pferd sind, hängt die Longe nicht durch und Sie können es besser im Tempo regulieren. Durch abwechselndes Gehen und Stehen auf geraden Linien kommt das Pferd an die Hand. Im Laufe der Arbeit können Sie die Longe immer weiter herauslassen.

Kommt das Pferd nur an einer Stelle nach innen, gewöhnen Sie es an die Störung. Zeigen Sie dem Pferd, dass es keine Angst haben muss.

Pferde, die nicht an den Zügel treten

Die Anlehnung an den Zügel wird im Laufe der Ausbildung langsam erarbeitet. Einige Tipps können aber helfen, die Anlehnung schneller zu erreichen:

● Sind die Zügel eventuell so lang verschnallt, dass das Pferd gar keine Anlehnung finden kann? Schauen Sie unter »Kontrollieren der richtigen Länge« S. 53.

● Auch wenn die Zügel durchhängen, werden sie nicht verkürzt. Das Pferd wird an Zügel gearbeitet (siehe unter »Anlehnungsprobleme« S. 110).

● Ist eventuell das Gewicht der Zügel zu schwer? Gummiringe im Ausbinder schlagen ebenso in der Bewegung wie schwere Lederzügel, das Pferd tritt nicht ans Gebiss. Benutzen Sie leichte Zügel, eventuell eine dünne Kordel aus dem Baumarkt. Dann brauchen Sie sich über das Gewicht keine Gedanken zu machen.

Keine Anlehnung in der Höhe

Sind Pferde in der Anlehnung noch nicht gefestigt, finden sie häufig auch keine Anlehnung in der Höhe. Sie heben sich immer wieder nach oben raus oder kommen zu tief. Typisch ist das für Pferde, die mit dem Dreieckszügel zwischen den Vorderbeinen gearbeitet wurden. Auch ein zu langer Hilfszügel, an dem das Pferd keine Anlehnung findet, kann die Ursache sein. Möglicherweise hat das Pferd auch noch nicht gelernt, sich selbst zu tragen.

Korrigieren Sie die Zügel auf ein Maß, an dem das Pferd eine korrekte Anlehnung finden kann. Es hat sich bewährt, den Laufferzügel bei solchen Pferden ohne Dreieck zu verschnallen, also genauso wie einen Ausbinder. Durch diese Verschnallung des Laufferzügels wird das Pferd mehr in der Höhe stabilisiert und die Anlehnung somit im Laufe der Zeit gefestigt. Wird das Pferd nach einiger Zeit unstet in der Anlehnung, ist das häufig ein Zeichen von Konzentrations- oder Kraftmangel. Machen Sie in dem Fall eine Pause ohne Zügel oder beenden Sie die Arbeit für den Tag.

Pferde, die sich nicht selbst tragen

Viele Pferde legen sich beim Longieren auf den Zügel und tragen sich nicht. Tut das Pferd dies direkt beim Anlegen der Hilfszügel, wurde es möglicherweise häufig zu kurz ausgebunden longiert oder wurde zu eng geritten. Das Pferd hat nicht gelernt, sich selbst zu tragen und auszubalancieren. Dieses Problem zu lösen hat bei der Arbeit eine sehr hohe Priorität. Wenn Sie das Pferd nicht durch intensive Arbeit aufrichten können, verschnallen Sie den Zügel höher und länger. Wenn es dabei auch einmal über den Zügel kommt, ist das ein zu verzeihender Fehler. Erst, wenn es gelernt hat, in natürlicher Aufrichtung = Balance zu gehen, können Sie das Zügelmaß langsam wieder tiefer und kürzer machen – was meist innerhalb weniger Trainingseinheiten möglich ist.

Legt es sich dagegen erst nach einiger Zeit auf den Zügel, kann Überlastung durch zu langes ausgebundenes Longieren die Ursache sein. Mit Überlastung ist aber nicht zwangsläufig das ganze Pferd gemeint,

sondern die Muskulatur, die das Pferd aufrichtet, nämlich die mehrschichtige Muskulatur im Bereich des Halses, die nicht genügend entwickelt ist. Möglicherweise schwitzt das Pferd nicht einmal, und trotzdem kann es sich nach einigen Minuten nicht mehr selbst tragen. Um das zu verbessern, müssen Sie regelmäßig eine Pause

Typisch Dreieckszügel: Das Pferd stellt sich oben rein ...

... oder kommt zu tief (und trägt sich nicht).

machen und die Zügel komplett ausschnallen. So kann sich das Pferd strecken und die Muskulatur entspannen.

Arbeiten Sie Ihr Pferd grundsätzlich im fleißigen Grundtempo und longieren Sie abwechslungsreich. Auf keinen Fall darf das Pferd zu eng ausgebunden werden, weil es sich so viel weniger lange selbst tragen kann. Folgende Möglichkeiten können Sie nacheinander probieren, um die Aufrichtung des Pferdes zu unterstützen:

1. Erarbeiten Sie gute Übergänge nach oben und unten.
2. Verschnallen Sie die Longe durch den Gebissring zum Gurt.
3. Schnallen Sie den inneren Hilfszügel hoch und den äußeren ungefähr waagerecht am Gurt fest. Der innere Zügel richtet das Pferd auf, der äußere begrenzt es.
4. Longieren Sie mit der Halslonge.
5. Verwenden Sie den Aufsatzzügel.

Dies alles soll aber nur unterstützende Wirkung haben. Keinesfalls dürfen Sie Ihr Pferd damit nach oben zwingen. Sie dürfen es nur so weit aufrichten, wie es die Aktivität der Hinterhand vorgibt. Trägt sich das Pferd dann nach einiger Zeit nicht mehr selbst, müssen Sie auf jeden Fall eine Pause machen und die Zügel entfernen. Dabei kann sich das Pferd wieder strecken. Andernfalls verkrampft die Muskulatur und wird somit nicht trainiert, sondern immer schwächer. Nur Intervalltraining bringt Erfolge: Belastung – Pause, Belastung – Pause. Oder Sie beenden die Arbeit für diesen Tag. Im Laufe der Zeit wird sich das Pferd immer länger selbst tragen können.

Pferde, die sich im Genick verwerfen

Die Ursachen für das Verwerfen eines Pferdes im Genick sind vielfältig. Ein häufiger Grund ist, dass das Pferd nicht genügend vorwärts geht. Auch Pferde, die sich auf die Hand legen, verstellen sich häufig im Genick. Dieses Problem können Sie aber einfach lösen, siehe dazu den Abschnitt »Pferde, die nach außen drängen« (S. 110). Das Verwerfen des Pferdes ist an der einfachen Longe sehr schwer zu beheben, da der Hilfszügel ein starrer Zügel ist, und nicht spontan nach den Anforderungen des Pferdes in Höhe und Länge verändert werden kann. Sie können vorübergehend versuchen, durch unterschiedlich hoch eingestellte Zügel die Stellung zu verbessern. Viel hilfreicher ist allerdings die Arbeit an der Doppellonge und unter dem Reiter. Hier haben Sie die Möglichkeit, sofort auf das Ausweichen des Pferdes zu reagieren.

Pferde, die über die äußere Schulter ausweichen und/oder nicht spuren

Immer wieder kann man Pferde beobachten, die beim Longieren, auch auf großen Linien, über die äußere Schulter drängen. Diese Pferde sind im Widerrist nicht stabilisiert und kippen im Hals nach innen ab. Dabei weichen Sie über die äußere Schulter aus. Das Problem dabei ist, dass der Schub der Hinterhand nicht unter den Schwerpunkt des Pferdes geht und Gliedmaßen des Pferdes teilweise überlastet werden. Die gleichen Auswirkungen sind zu sehen, wenn ein Pferd nicht spurt, dass heißt, die Hinterbeine treten nicht in die Spur der Vorderbeine. Beide Probleme treten häufig in Kombination auf, das Gleichgewicht des Pferdes ist gestört. Die Ursache hierfür kann eine feste Hand sein, auf die sich das Pferd legt und ausweicht. Oftmals tritt dies in Verbindung mit Hilfszügeln auf, die das Pferd seitlich nicht begrenzen. Das sind Chambon, Gogue, Halsverlängerer und teilweise auch der Dreieckszügel. Sie sehen das Ausweichen meist auf der hohlen Seite des Pferdes. Eine weitere häufige Ursache ist das zu späte Abwenden auf die gebogene Linie zur offenen Seite hin. Das Pferd geht geradeaus und wird abrupt herumgezogen (eine Lösung finden Sie unter »Pferde, die nach außen drängen«, S. 110). Keinesfalls sollten Sie das Pferd nach innen stellen, da es dann noch weniger an den äußeren Zügel treten kann. Von innen ist schwer zu erkennen, ob ein Pferd spurt oder nicht. Um Ihren Blick zu schulen, lassen Sie das Pferd von jemand anderem longieren und betrachten es von außen.

Zur Lösung dieses Problems muss das Pferd zuerst von der Hand kommen. Longieren Sie vor allen Dingen zum Lösen häufig auf geraden Linien und an Begrenzungen entlang. Nehmen Sie die Longe zuerst an, dann geben Sie wieder nach. Achten Sie von Anfang an darauf, dass das Pferd gerade bleibt, das hat hohe Priorität. Durch das Longieren auf geraden Linien stabilisiert sich das Pferd im Widerrist, die Muskulatur wird gekräftigt. Erst wenn das Pferd locker ist, arbeiten Sie mehr und mehr auf gebogenen Linien, ohne dass es ständig ausweicht. Dies bedarf jedoch einiger Wochen Arbeit.

Ist das Problem allerdings schon so gefestigt, dass das Pferd auch bei leichter Anlehnung und mit dem Laufferzügel nicht spurt, ist das an der einfachen Longe kaum noch zu lösen. Die Arbeit mit der Doppellonge ist hier hilfreicher, weil sie das Ausfallen der Hinterhand verhindert.

Das Pferd ist in Außenstellung

Stellt sich ein Pferd an der Longe auf beiden Händen außen, kann die fehlende Balance die Ursache dafür sein. Das Pferd muss lernen, sich mit der Hinterhand auf der Zirkellinie auszubalancieren und nicht mit Kopf und Hals. Stellt sich das Pferd nur auf einer Hand nach außen, ist es noch schief und muss entsprechend geradegerichtet werden. Dies ist auf der Zwangsseite des Pferdes der Fall.

Die Außenstellung erkennen Sie aus der Zirkelmitte an dem Riemenmuskel, der sich nach innen wölbt. Zudem können Sie die Stirn Ihres Pferdes nicht sehen. Die Frage dabei ist: Stellt sich das Pferd von selbst nach außen oder haben Sie Ihr Pferd nach außen gestellt?

● Sie haben die Hilfszügel falsch eingestellt. Das ist daran zu erkennen, dass der äußere Zügel mehr ansteht als der innere. Aus der Zirkelmitte sehen Sie, wie er bei jedem Trabtritt nach hinten gezogen wird. Damit begrenzt er die Stellung des Pferdes. Dies müssen Sie unbedingt korrigieren. Am besten erkennen Sie das von außen, wenn jemand anderes longiert.

● Das Pferd stellt sich von selbst nach außen. Der äußere Zügel hängt dabei durch, der innere steht an. Beim Versuch, das Pferd durch den Hilfszügel nach innen zu stellen, hängt der äußere Hilfszügel nur noch mehr durch und das Pferd bleibt in Außenstellung. Grundsätzlich ist es falsch, diese Außenstellung durch Verkürzen des inneren Hilfszügels beheben zu wollen. Zuerst müssen Sie das Pferd korrekt lösen. Haben Sie dann im Laufe der Zeit die Anlehnung erarbeitet, können Sie durch Arbeiten auf kleineren Linien die Balance und Längsbiegung des Pferdes verbessern. Mit der Longe (eventuell durch den inneren Gebissring zum Gurt) können Sie das Pferd so immer besser nach innen stellen.

Die Korrektur unter dem Reiter oder an der Doppellonge ist hier viel vorteilhafter, weil das Pferd an der einfachen Longe mit den Zügeln zu sehr fixiert ist und die Begrenzung des äußeren Hinterbeines fehlt. Spätestens, wenn Sie die korrekte Geraderichtung des Pferdes erreichen wollen, müssen Sie es korrekt nach innen stellen können.

An der offenen Seite geradeaus – oder quer durch die Halle

Wenn das Pferd an der offenen Seite des Zirkels einfach geradeaus geht und Sie es nicht halten können, wird Ihnen seine volle Kraft bewusst. Entweder hat es gelernt, sich so der Arbeit zu entziehen, oder es ist durch Ihre Arbeit überfordert. Es gibt unterschiedliche Methoden, dies zu verhindern:

● Sperren Sie den Zirkel an der offenen Seite ab. So können Sie Ihr Pferd korrekt gymnastizieren und es wird ihm leichter fallen, auf gebogenen Linien zu gehen.

● Wenden Sie das Pferd früh genug mit der Longe ab und gehen Sie schon in der Ecke in Richtung hinter das Pferd. Nach einigen Wochen sperren Sie den Zirkel immer größer ab, longieren aber weiter auf der normalen Zirkelgröße.

● Wenn das Pferd trotzdem an der offenen Seite herauszieht und Sie es nicht halten können, schnallen Sie die Longe durch den Gebissring hindurch zum Gurt. Bleiben Sie beim Longieren hinter dem Pferd. Wenn das Pferd dann nach außen drängt, ziehen Sie sich nicht fest, sondern nehmen Sie immer wieder, gern auch kräftiger, an und geben

An dem Riemenmuskel erkennen Sie die korrekte Stellung des Pferdes.

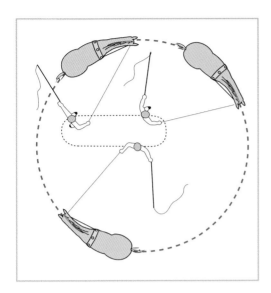

An der offenen Seite gehen Sie hinter das Pferd.

Sie wieder nach. Die gleichen Sicherheitsmaßnahmen ergreifen Sie auch, wenn sich das Pferd an der Longe umdreht: Immer hinter dem Pferd bleiben, offene Seite absperren, gegebenenfalls zu zweit longieren.

Falscher Galopp

Dass Pferde an der Longe in den falschen Galopp springen, kann verschiedene Ursachen haben:
● Das junge Pferd muss das richtige Anspringen noch erlernen.
● Das Pferd ist fest oder schief.
● Die Hilfen des Longenführers sind nicht gut genug.
● Das Pferd hat gelernt, sich so der Arbeit zu entziehen.

Junge Pferde springen schon mal falsch an, weil sie nicht ausbalanciert sind. Dies ist völlig normal und wird sich bei guter Hilfengebung schnell verbessern. Denn besonders beim Angaloppieren kommt es auf das passende Zusammenspiel der einzelnen Hilfen an. Wenn Sie das Pferd an einer Begrenzung anspringen lassen, kann es auf die treibende Hilfe nicht nach außen drängen – das Angaloppieren gelingt besser. Verändern Sie aber die Stelle immer wieder, damit das Pferd nicht schon vorher weiß, was kommt.

Zu erkennen, ob sich das Pferd nur der Arbeit entziehen will, ist allerdings schwierig. Ein Versuch kann Ihnen weiterhelfen: Sprechen Sie das Pferd in dem Moment, in dem es falsch anspringt, sehr deutlich an und touchieren Sie es **einmal** mit der Peitsche. Häufig springt das Pferd dann um in den korrekten Galopp. Dies ist ein Zeichen dafür, dass Ihr Pferd nicht mitarbeiten will. Wenn Sie es beim falschen Anspringen immer sofort wieder durchparieren, ist dies ein Erfolg für das Pferd.

Wird das Pferd bei diesem Versuch mit dem einmaligen Touchieren aber nur schneller und rennt weg, sollten Sie sich Gedanken über Ihre Hilfengebung machen. Beachten Sie:
● Bereiten Sie Ihr Pferd gut vor: Sprechen Sie es an und geben Sie eine Longenhilfe, warten Sie, geben Sie eine kurze und konsequente Galopphilfe. Ein knackiges »Galopp«, bei dem die Stimme auf die zweite Silbe angehoben wird, in Verbindung mit dem schnellen Senken der Peitsche hinter dem Pferd lassen es direkt anspringen.

Falls nicht, können Sie aus der Position direkt touchieren und das Pferd voran springen lassen. Geben Sie dabei nach und gehen Sie an eine Abgrenzung.

● Zum richtigen Anspringen müssen Sie das Pferd stellen. Nehmen Sie die Longe vor dem Angaloppieren an und stellen Sie Ihr Pferd leicht nach innen. Genau in dem Moment, in dem das Pferd in den Galopp springen will, müssen Sie in der Hand weich werden und die Galoppade herauslassen.

● Ziehen Sie das Pferd nicht in den Galopp. Häufig ist zu beobachten, dass in dem Moment, in dem das Pferd anspringen soll, die Longe nach hinten gezogen wird. Damit blockieren Sie das richtige Anspringen.

Falls es nicht an Ihren Hilfen liegt, können Sie das falsche Anspringen mit unterschiedlichen Methoden verbessern, die Sie immer wieder wechselnd, an das jeweilige Pferd angepasst, anwenden können. Ziel ist es, dem Pferd die richtige Reaktion angenehm und die falsche Reaktion unangenehm zu machen:

● Durch einmaliges direktes Touchieren nach dem falschen Anspringen in Verbindung mit der Stimme lassen Sie es umspringen. Wenn Sie jedoch immer so reagieren, wird Ihr Pferd demnächst in den Galopp rennen.

● Parieren Sie das Pferd sehr deutlich durch und zeigen ihm so, dass es etwas falsch macht.

● Lassen Sie das Pferd im fleißigen Außen- oder Kreuzgalopp eine Runde galoppieren und parieren Sie es dann wieder konse-

quent durch. Dies ist sehr unangenehm für die Pferde.

● Bei einigen Pferden ist es hilfreich, zuerst den Zirkel zu verkleinern und dann anzugaloppieren. Sie sind dichter am Pferd und können besser einwirken. Entscheidend ist, dass Sie die Longe im Moment des Anspringens nachgeben und anschließend den Zirkel sofort wieder vergrößern, um den Galopp zu ermöglichen.

Möglicherweise sollten Sie das falsche Anspringen unter dem Reiter korrigieren, da Sie mit Schenkel und Gewicht besser einwirken können. Auch sollten Sie das Angaloppieren erst dann verbessern, wenn das Pferd schon gelöst ist. Lassen Sie sich auch von außen korrigieren, wenn das Angaloppieren nicht klappt.

Angst vor der Peitsche

Einige Longenführer longieren ihr Pferd ohne oder mit einer viel zu kurzen Peitsche. Die Begründung ist häufig, dass das Pferd doch Angst vor der Peitsche hat. Diese Angst ist aber keinem Pferd angeboren, sondern zeugt meistens vom unsachgemäßen Umgang mit der Peitsche. Das Pferd wird grundlos, viel zu heftig oder ohne vorherige Drohung touchiert.
Sie dürfen Ihr Pferd aber auf keinen Fall strafen, ohne vorher mit der Stimme und Peitschensymbolik »gewarnt« zu haben.
In dem Fall kommt es gar nicht zur Angst, weil das Pferd nach dem ersten Sanktionie-

ren schon auf die Drohung reagieren wird. Um das Pferd an die Peitsche zu gewöhnen, müssen Sie sich und die Peitsche sehr kontrolliert bewegen. Nehmen Sie den Schlag mit in die Hand und longieren Sie nur mit der Peitschensymbolik.

Streichen Sie mit einer kurzen Reitgerte über das Pferd, um ihm zu zeigen, dass ihm nichts passiert. Gelingt dies ganz gut, nehmen Sie die Longierpeitsche, und führen sie langsam ans Pferd. So wird es begreifen, dass es vor der Peitsche, vor allen Dingen in Ihrer Hand, keine Angst haben muss. In den meisten Fällen stellt sich aber heraus, dass das Pferd gar keine Angst hat, sondern nur einen sehr großen Respekt zeigt. Bei ruhigem Umgang und sicherem Auftreten ist das ganze Problem meist schon behoben.

Das Pferd an die Peitsche gewöhnen.

Fehler erkennen und korrigieren

Reaktion des Pferdes	Häufige Fehler	Verbessern
Zu Beginn läuft alles gut, nach einiger Zeit wird das Pferd schlechter.	Die Konzentration oder Kraft des Pferdes lässt nach.	Machen Sie öfter Pausen (ohne Zügel), hören Sie früher mit der Arbeit auf. Auch Konzentration muss trainiert werden.
Es kommt immer wieder zu Machtkämpfen mit dem Pferd, die es unzufrieden machen.	Das Pferd ist nicht gehorsam genug.	Es liegt in der Natur des Pferdes sich unterzuordnen. Seien Sie also im gesamten Umgang konsequent.
Sie kommen in der Ausbildung des Pferdes nicht weiter.	Die Ursache für das Problem wird nicht erkannt. Sie versuchen, am falschen Punkt zu arbeiten.	Holen Sie sich den Rat Außenstehender – Stichwort »Betriebsblindheit«.

Longieren beim Voltigieren

Für das Longieren eines Voltigierpferdes gelten in Bezug auf Fleiß, Losgelassenheit und Durchlässigkeit genau die gleichen Kriterien wie bei einem Reitpferd. Aus Sicherheitsgründen muss das Voltigierpferd aber gehorsam an den Hilfen stehen. Deshalb ist der Gehorsam ein wichtiges Kriterium in der Voltigierpferdeausbildung. Das Pferd muss aus jeder Gangart direkt zum Halten durchpariert werden können. Dabei muss es auf der Zirkellinie stehen bleiben und darf nicht in den Zirkel drängen. Wenn Sie dazu die Peitsche parallel zur Longe senken, ist das als »Notbremse« eine zusätzliche Hilfe. Das sollten Sie zu Hause im Training regelmäßig

Ein zufriedenes, ausbalanciertes Pferd.

üben und prüfen, damit das Pferd auf einem Turnier, auch bei Stress durch Musik und Applaus, immer noch sicher an den Hilfen steht.

Dies gilt insbesondere auch für Pferde, die im therapeutischen Bereich sowie zum Voltigieren im Breitensport eingesetzt werden. Hier ist das gehorsame, an den Hilfen stehende Pferd Grundvoraussetzung.

Ziel der Arbeit an der Longe im Voltigiertraining bzw. auf einem Turnier ist neben dem Gehorsam eine taktreine, fleißige, geschlossene und ausbalancierte Galoppade auf der Zirkellinie. Das Pferd soll dabei losgelassen, gleichmäßig fleißig gehen und die Anlehnung an die Hilfszügel und zur Hand suchen. Dabei ist es in korrekter Stellung. Das können Sie nur erreichen, wenn das Pferd reiterlich korrekt gymnastiziert ist.

Da das Voltigieren vom Pferd ein hohes Maß an Kraft, Ausdauer und Balance verlangt, müssen Sie es in den Mittelpunkt Ihres gesamten Handelns stellen.

Ohne Pferd ist kein Voltigieren möglich!

Das bedeutet zum einen, dass das Pferd reiterlich korrekt (Dressur der Klasse A–L) ausgebildet sein und gearbeitet werden muss. Zum anderen müssen die Wünsche und Belange der Voltigierer hinter denen des Pferdes zurücktreten:

● Anfangs können keine Aufsprünge trainiert werden, weil das Pferd die seitlich wirkenden Kräfte noch nicht ausbalancieren kann. **Der Aufsprung ist eine der schwierigsten Übungen für das Pferd.**

● Die Belastung durch Pflicht- und Kürübungen wird langsam gesteigert: Statik vor Dynamik; Einzel- vor Doppel- und vor Dreierübungen, erst Schritt, eventuell Trab, dann Galopp.

● Das Ablongieren junger Pferde dauert länger als bei ausgebildeten Pferden. In der Zeit kann nicht auf dem Pferd voltigiert werden. Nehmen Sie sich trotzdem unbedingt diese Zeit.

● Treten Probleme auf, müssen die Voltigierer am Holzpferd turnen. Sie können das Pferd dann entsprechend arbeiten.

● Sind in einer Galopprunde nicht alle Voltigierer auf dem Pferd gewesen, wird sie trotzdem beendet, wenn es für das Pferd sinnvoll ist. Die übrigen Voltigierer dürfen dann in der nächsten Runde üben.

● Zu Beginn der Ausbildung sind keine Turnierstarts möglich. Ein ausgebildetes A-Dressurpferd bracht etwa ein Jahr, bis Sie es auf Turnieren als Voltigierpferd einsetzen können. Anfangs sollte das Pferd dann nur leichte Einzelvoltigierer gehen oder es wird mit der Gruppe nur die Pflicht gezeigt.

Örtliche und materielle Voraussetzungen

Zum sicheren Voltigieren müssen einige Dinge beachtet werden:

● Der Boden sollte elastisch federnd, griffig und eben, aber nicht zu tief sein.

Die starke seitliche Belastung hier beim Aufsprung ...

... oder bei Übungen in den Griffen.

121

● Rechnen Sie mindestens 20 Meter Zirkeldurchmesser: 15 Meter Zirkel plus jeweils 2,5 Meter Sicherheitsabstand zur Bande zum sicheren Landen. Außerdem wird Platz zum Aufwärmen der Voltigierer und für das Holzpferd benötigt.

● Wenn es gar nicht anders möglich ist und in der gleichen Reithalle während des Voltigierunterrichts Reitbetrieb stattfinden muss, ist dieser durch Abgrenzungen sicher vom Zirkel zu trennen.

● Zur Ausrüstung des Pferdes gehören Trense oder Kappzaum, Voltigiergurt mit Unterlage und Pad, Ausbinder oder Laufferzügel, Gamaschen sowie eine korrekte Longe und Peitsche.

Longieren mit Voltigierern

Sinnvolles Ablongieren

Da zum Voltigieren oftmals nur eine Stunde in der Reithalle zur Verfügung steht, sollte das Ablongieren so effektiv wie möglich gestaltet werden. So können Sie beispielsweise die 10-minütige Schrittarbeit vor die eigentliche Voltigierstunde legen. Anschließend wird das Pferd in der Reithalle im Trab und Galopp auf beiden Händen abwechslungsreich gelöst. Die Voltigierer können durch Laufspiele mit in die Lösungsphase einbezogen werden. Auch die Schulung des korrekten Sitzes, beispielsweise beim Longieren über Bodenricks, oder Übungen wie

Die Voltigierer erwärmen sich mit dem Pferd.

Knien oder Stehen im Trab verbinden das Lösen des Pferdes mit dem Voltigieren. Spiele zum Verbessern von Rhythmus und Koordination bieten sich hier an. Besonders wichtig: Auch wenn das Pferd beim Voltigieren in einem ruhigen geschlossenen Galopp gehen soll, muss es in fleißigen Galoppeinheiten gelöst werden. **Sie können die Muskulatur des Pferdes nicht aufbauen und den Schwung verbessern, wenn Sie es schon beim Lösen unter Tempo gehen lassen.** Häufig ist es sinnvoll, nach dem Ablongieren die Zügel auszuschnallen und dem Pferd beim Führen eine zweiminütige Pause zu gönnen. Es kann die Muskulatur strecken und ist wieder bereit für die anschließende Voltigierarbeit.

Pferdeschonendes Voltigieren

Um das Voltigieren für das Pferd so schonend und effektiv wie möglich zu gestalten, sollten Sie Folgendes beachten:
- Longieren Sie auf einem möglichst großen Zirkel von mindestens 15 Metern.
- Voltigieren Sie gleich viel auf beiden Händen, vor allen Dingen im Trab und Galopp.

Dies ist ein hervorragender Ausgleich für das Pferd. Gleichzeitig werden die Voltigierer sehr vielseitig trainiert. Übungen wie Grundsitz, Fahne, Mühle, Stehen und Schwünge können auf der rechten Hand auch für die linke Hand deutlich verbessert werden. Außerdem werden Bewegungserfahrung und Gleichgewichtssinn geschult. Schrittarbeit auf der rechten Hand ist kein genügender Ausgleich!

Voltigieren auf der rechten Hand im Galopp ist ein echter Ausgleich.

Wenn Sie die Zügel im Schritt verschnallen möchten, dann mindestens so lang.

● Die Galoppphase sollte beim ausgebildeten Pferd nicht länger als 6–8 Minuten dauern. Das Pferd kann zwar noch länger galoppieren, aber nicht, weil es noch Kraft hat. Dies geht dann eher auf die Gesundheit des Pferdes. Je nach Tagesform und Ausbildungsstand des Pferdes müssen Sie schon vorher eine Pause machen. Die Kondition des Pferdes verbessern Sie nicht durch langes Galoppieren, sondern durch Intervalltraining: Belastung – Pause.

● Verschnallen Sie die Hilfszügel für die Schrittarbeit wesentlich länger oder entfernen Sie sie komplett. Dabei kann sich Ihr Pferd strecken und entspannen. Zu kurze Zügel verschlechtern den Schritt und das Pferd verspannt sich.

● Das Pferd soll höchstens dreimal pro Woche zum Voltigieren eingesetzt werden.

Draußen Voltigieren ist eine gute Abwechslung, auch auf der rechten Hand.

Die Turnierstarts sind dabei schon eingerechnet. Auf keinen Fall darf das Pferd an einem Tag stehen bleiben – schon gar nicht am Tag nach einem Turnier.

● 2–3 Tage vor und nach dem Turnier geht das Pferd kein Voltigiertraining.

● Trainieren Sie soviel wie möglich draußen. Dies ist ein sehr guter Ausgleich für das Pferd. Möglicherweise sind einige Pferde anfangs etwas guckig. Das legt sich aber in der Regel von selbst.

● Trainieren Sie die Kür so wenig wie möglich im Schritt. Im Trab und Galopp ist der Rücken des Pferdes durch das Anspannen der Muskulatur stabilisiert, im Schritt ist der Rücken dagegen instabiler. Die Kür kann komplett auf dem Holzpferd entwickelt werden!

● Machen Sie so wenig Kür wie möglich auf dem Hals des Pferdes. Dadurch verlagert sich der Schwerpunkt weiter nach hinten und die Vorderbeine werden geschont.

● Ihre Korrekturen sollten während der Arbeit so kurz wie möglich sein. Verfallen Sie nicht in Diskussionen mit den Voltigierern. Für längere Erklärungen parieren Sie am besten zum Stand durch. Grundsätzlich muss dem Voltigierer aber vorher klar sein, was gerade mit welchen Schwerpunkten auf dem Pferd trainiert werden soll.

● Planen Sie Ihre Voltigierstunde genau. Arbeiten Sie dabei grundsätzlich mit einer Uhr:

   – Mindestens 10 Minuten Schrittarbeit vor der Stunde.

– Ablongieren so kurz wie möglich, aber so lange wie nötig.
– Die erste Galoppphase nicht länger als 6–8 Minuten.
– Schrittpause von höchstens 10 Minuten (sonst wird das Pferd kalt) mit langen oder besser ohne Hilfszügel.
– Erneutes Anlongieren des Pferdes.
– Zweite Galoppphase von 6–8 Minuten.
– Entspannungsphase, vorwärts-abwärts longieren.

● Gönnen Sie Ihrem Pferd im Sommer oder nach der Saison eine Voltigierpause von einigen Wochen. Diese Pause erhält die Freude am Voltigieren. Das Pferd sollte in der Zeit aber unbedingt weiter gearbeitet werden. Eine abrupte Pause, beispielsweise nur noch Weidegang, **schadet dem Pferd**.

Das korrekte Ausbinden des Voltigierpferdes

Für das korrekte Ausbinden des Pferdes gibt es drei Kriterien:
● Das Genick muss der höchste Punkt sein.
● Die Stirn-Nasenlinie muss vor der Senkrechten stehen.
● Dem Pferd wird die Möglichkeit gegeben, sich auf die Zirkellinie einzustellen (mehr dazu unter »Kontrollieren der richtigen Länge« S. 53).

Da man sich einen bergauf gesprungenen Galopp wünscht, dürfen Sie auf keinen Fall mit tief verschnallten Lauffer-, Dreieckszügeln oder Ausbindern im Galopp voltigieren. Dies ist nur zum Lösen des Pferdes geeignet. Das heißt, dass im Galopp der Befestigungspunkt des Ausbinders am

Das korrekt ausgebundene Voltigierpferd.

Gurt nicht tiefer sein darf als das Gebiss des Pferdes.

Longieren auf einem Wettkampf

● Um mit einer Gruppe auf einem Wettkampf starten zu können, muss Ihr Pferd konditionell gut vorbereitet sein. Ein Richtwert: Es galoppiert in elf Minuten etwa 5–6 Kilometer.
● Auf dem Turnier müssen Sie Ihren Ablauf genau planen, damit Sie das Pferd auf den Punkt ablongiert haben.
● Üben Sie auf keinen Fall irgendwelche »Angstübungen« wie Stehen oder schwierige Küren. Diese müssen zu Hause funktionieren, sonst werden sie weggelassen.

- Ablongieren heißt nicht müde machen. Das Pferd muss vor der hohen Belastung frisch sein. Bereiten Sie das Pferd so schonend wie möglich vor. Die Voltigierer sollen nur einmal kurz aufspringen, um sich einzuvoltigieren.

- Longieren Sie im Wettkampf genauso konsequent und energisch wie zu Hause. Häufig gehen Voltigierpferde im Wettkampf schlechter, weil sie erkannt haben, dass der Longenführer dort viel vorsichtiger ist.

- Selbstverständlich longieren Sie auch beim Wettkampf mit der Kombination aus allen Hilfen, also auch mit Stimmhilfen. Alles andere macht keinen Sinn. Dabei geben Sie nur die kurzen Kommandos, die für gutes Longieren nötig sind, und sprechen nicht ständig mit dem Pferd, was sich negativ auf die Pferdenote auswirken würde. Alles andere muss jedoch positiv bewertet werden, da das Pferd ja an Ihren Hilfen steht.

- Konzentrieren Sie sich auf dem Wettkampfzirkel nur auf Ihr Pferd. Damit Sie dazu in der Lage sind, müssen Sie dies regelmäßig zu Hause üben. Sprechen Sie dazu mit den Voltigierern ab, dass Sie sich in der folgenden Galopprunde nur auf Ihr Pferd konzentrieren. Die Voltigierer korrigieren sich gegenseitig oder turnen einen Turnierdurchgang, bei dem nicht korrigiert wird. Nur so sind Sie in der Lage, auch auf dem Turnier nur auf das Pferd zu achten.

Das Verhalten der Voltigierer

Da das Longieren in der Voltigierstunde absolute Priorität besitzen muss, haben die Voltigierer einige Regeln zu beachten, um einen reibungslosen Ablauf zu gewährleisten:

- Sie müssen sich um den Longenführer herum bewegen, ohne ihn zu stören. Sie laufen hinter dem Pferd in die Zirkelmitte und stehen dort hinter dem Longenführer außerhalb des Arbeitsbereiches der Peitsche.

- Nach dem Abgang vom Pferd nach innen müssen sich die Voltigierer zügig aus dem Zirkel entfernen, damit der Longenführer wieder mit der Peitsche arbeiten kann.

- Bringen Sie den Voltigierern das nötige Wissen rund ums Pferd bei. So können sie das Pferd vorher und nachher versorgen und mit Longe und Peitsche umgehen.

Probleme beim Longieren mit Voltigierern

Bei Voltigierpferden kommt es immer wieder zu Schwierigkeiten. Pferde werden bei gewissen Übungen langsamer oder reagieren negativ, sie springen nicht mehr durch oder Ähnliches.

Viele Probleme schleichen sich im Laufe der Zeit ein und entstehen nicht von einem Tag auf den anderen. Daher ist es wichtig, dass Sie auf die Signale Ihres Pferdes achten. Durch Schlagen mit dem Schweif oder Anlegen der Ohren sagt Ihnen Ihr Pferd ganz genau, wann ihm etwas unangenehm ist oder es sich überlastet fühlt.

Häufig ist die mangelnde reiterliche Ausbildung der Grund für Probleme beim Voltigieren. Es darf nicht sein, dass ein Pferd nur voltigiert wird und nebenbei ein wenig Schulunterricht geht. Nur wenn ein Pferd korrekt geritten wird, ist es in der Lage, die Belastung des Voltigierens auszugleichen. Durch regelmäßiges Korrekturlongieren verbessern Sie die Durchlässigkeit des Pferdes auf die Hilfen. Sie bilden es weiter aus und bearbeiten eventuelle Probleme des Pferdes.

In dieser Ausbildungszeit hat das Pferd absolut Vorrang vor den Voltigierern. Denken Sie nicht an Höchstleistungen und das Korrigieren der Kinder, sondern ausschließlich an Ihr Pferd.

Alle hier aufgeführten Vorschläge und Tipps sind natürlich kein Allheilmittel und müssen bei jedem Pferd individuell angewandt werden. Wichtig sind der Stand der Ausbildung und die Tagesform – danach wählen Sie Übungen, Hilfszügel- und Longeneinschnallungen aus. Kommen Sie trotzdem nicht weiter, sollten Sie unbedingt den Rat eines erfahrenen Ausbilders einholen. Vielleicht liegt das Problem an einer anderen Stelle als vermutet. Sie reagieren selbst falsch oder nicht energisch genug oder sind einfach »betriebsblind«.
Eines müssen Sie sich zudem immer vor Augen führen:

Nicht jedes Pferd ist als Voltigierpferd geeignet.

Wird Ihr Pferd den Ansprüchen wirklich gerecht, und lohnt es sich, viel Arbeit und Geld zu investieren?
Wenn Sie beim Voltigieren Probleme haben, überlegen Sie zuerst, ob Sie diese nicht ohne Voltigierer lösen können oder müssen, beispielsweise bei Pferden mit Anlehnungsproblemen. Lösungsmöglichkeiten finden Sie unter »Longieren von schwierigen Pferden« (S. 103 ff.).
Da das Problem oft Voltigiergurt oder Sattel sind, lassen Sie sich am besten beraten und kontrollieren Sie immer wieder den korrekten Sitz der Ausrüstung.

Pferde mit Balanceproblemen

Geht das Pferd beim Voltigieren nicht korrekt auf der Zirkellinie, kommt also immer wieder rein oder drängt nach außen, hat das Pferd Schwierigkeiten mit dem Balancieren. Durch Aufsprünge, dynamische Kürübungen oder schlechte Voltigierer entstehen beim Voltigieren große seitwärtswirkende Kräfte, die das Pferd ausbalancieren muss. Dies ist gerade im Galopp schwierig, da es zweimal innerhalb eines Galoppsprunges eine Einbeinstütze gibt. In der Ausbildung lernt das Pferd, sich und das Gewicht der Voltigierer auszubalancieren. Dies wird sicherlich einige Jahre dauern. In der Zeit müssen Sie das Pferd dabei unterstützen, die Balance zu finden:
● Das Pferd darf auf keinen Fall überlastet werden. Die Anforderungen dürfen nur so hoch sein, dass es diese selbst ausbalancieren kann. Achten Sie auf die Signale Ihres Pferdes. Im Laufe der Ausbildung wird sich die Balance immer weiter verbessern.
● Drängt das Pferd nach außen, gehen Sie ein wenig mit dem Pferd mit und gestatten Sie ihm einen unrunden Zirkel. Dadurch lernt es, sich selbst auszubalancieren.

Zwingen Sie das Pferd nicht auf die Zirkel-linie. Kommt es nach innen, nehmen Sie die Longe auf und treiben es wieder raus oder verlagern den Zirkel.

● Lassen Sie Ihr Pferd fleißig galoppieren, denn im fleißigen Tempo kann es sich besser ausbalancieren. Die gewünschte geschlossene Galoppade kann nur über den schwungvollen Galoppsprung entwickelt werden. Sie wird sich bei guter Arbeit im Laufe der Zeit einstellen weil das Pferd die notwendige Kraft dafür entwickelt.

Pferde mit Anlehnungsproblemen

Das Pferd drängt nach außen
Drängt das Pferd mit Voltigierern ständig nach außen, sind die Ursachen häufig die

Hier sehen Sie das Ausbalancieren.

gleichen wie beim Longieren ohne Voltigierer. Kann eine Überlastung des Pferdes durch zu lange Galoppphasen, zu schwere Kürübungen oder einen zu kurzen äußeren Zügel ausgeschlossen werden, lösen Sie dieses Problem auch ähnlich:

● Das Pferd muss reiterlich korrekt gymnastiziert sein.

● Nicht das Pferd zieht, sondern der Longenführer zieht dagegen. Nehmen Sie die Longe weich an und geben Sie sie schnell wieder nach.

● Longieren Sie mit zwei Personen. So können Sie sich ganz auf die Longe oder Peitsche konzentrieren.

● Gehen Sie auch mit Voltigierern an die Bande und kommen zum Nachgeben. Dort können Sie Ihr Pferd vorantreiben, ohne dass es sich auf die Hand legen kann. Natürlich müssen die Voltigierer dabei sicher auf dem Pferd sitzen.

● Zieht es nur an einer Stelle nach außen, wenden Sie das Pferd durch deutliches Annehmen und Nachgeben schon eine Viertelrunde vor der Stelle ab und gehen an der Stelle eventuell hinter das Pferd.

Das Pferd drängt ständig in den Zirkel
Häufig ist die fehlende treibende Hilfe die Ursache für das Hereinkommen des Pferdes. Fragen Sie sich: Steht Ihr Pferd wirklich an den treibenden Hilfen? Reagiert es auf 50-prozentiges Treiben auch mit 50-prozentigem Antreten?
Kontrollieren Sie außerdem die Stellung der Ausbinder. Möglicherweise haben Sie das Pferd zu sehr nach innen gestellt. Wenn Sie

dies alles genauso wie eine Überlastung ausschließen können, das Pferd aber trotzdem weiterhin nach innen kommt, können Sie mit den Lektionen Verlagern, Verkleinern und Vergrößern des Zirkels die Anlehnung verbessern, diesmal allerdings mit Voltigierern. Auch das Variieren der Zirkelgröße mit aufgenommener Longe eignet sich hierzu sehr gut. Achten Sie aber darauf, dass die Voltigierer auf dem Pferd sicher sind. So können Sie beispielsweise den Sitz verbessern oder einfache Übungen wie Knien oder Mühle turnen.

Pferde, die bei bestimmten Übungen langsamer werden

Sie können häufig beobachten, dass Pferde beim Stehen oder bei bestimmten Kürübungen langsamer werden oder ausfallen. Diese Eigenart ist keinem Pferd angeboren, sondern immer antrainiert. Die Ursache liegt beim Longenführer, der bei bestimmten Übungen vor Angst, das Pferd könne beim nächsten Treiben einen unkontrollierten Sprung nach vorne machen, völlig regungslos in der Mitte steht. Meistens schaut er dabei noch nach oben zu den Voltigierern. Ist die Übung dann vorbei, wird energisch nachgetrieben, da das Pferd ja langsamer geworden ist. Das führt auf Dauer dazu, dass das Pferd nach jeder dieser Übungen mit Wegrennen reagiert. Je länger auf diese Art mit einem Pferd voltigiert wird, desto schwieriger wird es, diesen Fehler wieder zu korrigieren.
Natürlich ist es beim Stehen oder in einer schwierigen Kürübung sehr schwer, das

Pferd energisch zu treiben, da die Voltigierer herunterfallen könnten. Aber während der Übung ist es ohnehin zu spät. Der Fehler wurde vor der Übung gemacht, als Ihr Pferd nicht an der treibenden Hilfe stand.
Achten Sie bei diesen Pferden auf Folgendes: Wenn die Voltigierer beim ersten Loben im Trab ans Pferd laufen, steht es genau in dem Moment nicht mehr an der treibenden Hilfe. Es kommt sofort im Tempo zurück und reagiert nicht mehr auf Sie. Hier können Sie das Problem schon erkennen und teilweise beheben.
Gelöst werden kann das Problem nur, wenn Sie lernen, das Pferd dosiert mit der Peitsche und Stimme zu treiben. Finden Sie die Mitte zwischen Regungslosigkeit (0 Prozent) und Treffen mit der Peitsche (100 Prozent), bei dem das Pferd natürlich einen Sprung nach vorne machen kann und eigentlich auch machen soll. Um dosiert treiben zu können, muss die Peitsche weit hinten gehalten werden. **Treiben ist aber nicht gleich treffen.** Das bedeutet, dass Sie von dort hinten den Peitschenschlag mehr oder weniger kräftig hinter das Pferd werfen, ohne es zu treffen. So sind Sie in der Lage, dosiert zu treiben.
Zudem muss das Pferd sensibel auf die treibenden Hilfen reagieren. Sprechen Sie die Vorgehensweise genau mit dem Voltigierer ab: Wird das Pferd zum Beispiel im Stehen langsamer, müssen Sie vor dem Aufknien überprüfen, ob es noch an den Hilfen steht. Halten Sie die im Kapitel »Longieren von schwierigen Pferden: Verbessern von Fleiß

und Gehfreude« (S. 106) beschriebene Reihenfolge ein:

● Zuerst dem Pferd mit Peitsche und Stimme drohen.

● Wenn keine entsprechende Reaktion kommt, das Pferd mit Stimme, Peitsche und Körpersprache sanktionieren.

● Wenn es getroffen wurde, muss das Pferd reagieren, und zwar energisch.

Somit ist Ihr Pferd entsprechend sensibilisiert und steht an den treibenden Hilfen. Dann kann sich der Voltigierer auf Kommando für wenige Galoppsprünge hinstellen. In dieser Zeit müssen Sie mit erhobener Peitsche dosiert treiben und das Pferd wird weitergaloppieren. Benutzen Sie dazu

Das Pferd springt beim Stehen nicht mehr durch.

unbedingt auch Ihre Stimme, denn mit ihr sind Sie viel schneller als mit der Peitsche. Im Laufe der Zeit wird das Pferd gleichmäßig galoppieren, wenn Sie vor der Übung kontrollieren, ob es an der Hilfe steht (Peitsche senken und schnalzen – Reaktion abwarten), und es gegebenenfalls an die treibende Hilfe stellen (mit Touchieren und Schnalzen »zünden« lassen). Während des anschließenden Stehens treiben Sie dosiert weiter. Gehen Sie bei anderen Übungen genauso vor. Denken Sie aber daran, die Voltigierer auf dem Pferd sichern.

Eine sehr gute Übung ist es, mit einem Voltigierer zwischen Ihnen und Ihrem Pferd zu longieren. Der Voltigierer läuft mittig vorne an der Longe mit. Dabei longieren Sie das Pferd normal weiter: Übergänge zwischen und in den Gangarten, Zirkel verlagern, verkleinern und vergrößern. Sie werden anfangs feststellen, dass die Kommunikation zwischen Ihnen und dem Pferd deutlich gestört ist. Dies wird sich im Laufe der Ausbildung weiter verbessern, bis das Pferd sich nur noch auf Sie konzentriert – auch im Stehen.

Pferde, die auf Übungen negativ reagieren

Folgende Signale sind eindeutige Zeichen, dass ein Pferd auf eine bestimmte Übung negativ reagiert. Sie werden zu selten beachtet:

● Schlagen, Klemmen oder Drehen des Schweifs.

● Anlegen der Ohren oder Verdrehen der Augen.

- »Traloppieren« bzw. wegeilen oder ausfallen.
- Hereindrücken oder nach außen drängen.
- Aufwölben des Rückens bis hin zum Bocken.

Achten Sie ständig auf die Signale Ihres Pferdes!

Ihr Pferd zeigt Ihnen ganz genau, wenn ihm etwas nicht passt. Reagieren Sie nicht, festigen sich diese Reaktionen im Laufe der Zeit immer mehr. Häufig ist ein Voltigiergurt, der nicht richtig sitzt, Ursache für die negativen Reaktionen des Pferdes. Lassen Sie ihn kontrollieren und investieren Sie in passendes Material.

Das Pferd reagiert negativ auf den Aufsprung

Schon beim Heranlaufen der Voltigierer sieht man das Unbehagen des Pferdes. Es fällt im Galopp aus, rennt weg, drängt nach innen oder ähnliches. Die Ursachen hierfür sind meistens harte Voltigierer, die das Pferd an der Seite anspringen oder ihm in den Rücken fallen. Oftmals wird der Aufsprung viel zu früh geübt.

- Üben Sie den Aufsprung erst dann, wenn das Pferd in der Lage ist, einige Minuten ausbalanciert auf dem Zirkel zu galoppieren.
- Verzichten Sie eine Zeit lang ganz auf den Aufsprung im Galopp. Es wird nur im Schritt oder Trab mit Hilfestellung aufgegangen.
- Lassen Sie die Voltigierer immer wieder im Schritt, Trab und Galopp ans Pferd lau-

fen, ohne dass sie aufspringen. Dabei sitzt ein Voltigierer auf dem Pferd, was dem Pferd mehr Sicherheit gibt. Nachdem es gelobt wurde, kommt der nächste Voltigierer. Reagiert das Pferd dann gelassen, können Sie einen guten Voltigierer aufspringen lassen. In dem Moment geht der oben Sitzende außen ab.

- Lassen Sie schlechtere und kleinere Voltigierer nur mit Hilfestellung aufspringen. Die Technik für den korrekten Aufsprung üben Sie am besten am Holzpferd oder im Schritt, nicht am Pferd im Galopp. Häufig fallen die Pferde beim Aufsprung aus, weil der Longenführer nicht mit der treibenden Hilfe am Pferd ist. Dies erkennt man schon beim Heranlaufen der Voltigierer. Genau in dem Moment kommt das Pferd im Tempo zurück. Stellen Sie Ihr Pferd erneut an die treibende Hilfe, bevor der Voltigierer beginnt, heranzulaufen. Anschließend treiben Sie mit Stimme und Peitsche dosiert nach (siehe oben).

Das Pferd wehrt sich gegen bestimmte Kürübungen

Können Sie Ihr Pferd nicht mit Ruhe an bestimmte Übung gewöhnen, lassen Sie sie besser weg. Wenn das Pferd zum Beispiel die Rolle auf den Hals nicht mag, weil es einmal die Beine an die Ohren bekommen hat, machen Sie einen anderen Übergang auf den Hals. Sie sind auf die Mitarbeit Ihres Pferdes angewiesen, deshalb sollten Sie die Ausführung von bestimmten Übungen nicht erzwingen. Spätestens im Wettkampf wird es schiefgehen.

Noch ist das Pferd nicht gelassen ...

Das Pferd reagiert negativ auf gewisse Pflichtübungen

Negative Reaktionen sieht man häufig beim zweiten Teil der Flanke, Abgängen, dem Liegestütz oder bei den Schwungübungen allgemein. Sie treten häufig bei schlechteren Voltigierern auf, die das Pferd genau kennt.

● Passen Sie zunächst den Voltigiergurt perfekt an.

● Verbessern Sie die körperlichen Voraussetzungen der Voltigierer und trainieren Sie die Technik der Pflichtübungen häufig auf dem Holzpferd.

● Lassen Sie anfangs nur gute Voltigierer diese Übungen turnen. Dabei kommt es nicht darauf an, dass die Übungen korrekt

ausgeführt werden – nur weich und sicher sollen sie sein, damit das Pferd wieder Vertrauen fasst.

● Turnen Sie viele Vorübungen aus den methodischen Übungsreihen. Diese sind leichter zu erlernen und schulen die Voltigierer viel besser.

● Lassen Sie immer wieder andere Übungen, Abgänge und Reihenfolgen turnen, damit sich das Pferd nicht an bestimmte Folgen gewöhnen kann. Der Innensitz bedeutet für das Pferd immer »Flanke zweiter Teil« und damit Schmerz – die Folge ist Wegeilen.

Pferde, die nicht mehr durchspringen

Viele Pferde gehen beim Voltigieren nicht mehr schwungvoll oder galoppieren im Viertakt. Selbst wenn der Longenführer kräftig treibt, reagiert das Pferd nicht genügend. Häufig fehlt einfach die Kraft, um die Voltigierer zu tragen. Weitere Ursachen können sein:

● Fehlende reiterliche Ausbildung.

● Fehlendes Ausgleichstraining.

● Ständiges Voltigieren auf der linken Hand.

● Überlastung des Pferdes in den Trainingseinheiten.

● Fehlende treibende Hilfe beim Voltigieren.

● Nicht geeignetes Pferdematerial.

● Das Pferd hat keine Lust mehr am Voltigieren, es fehlt die Gehfreude.

Für die Voltigierer ist es möglicherweise einfacher, wenn das Pferd nicht so schwungvoll geht. Im Vordergrund steht jedoch die Gesundheit des Pferdes: Geht es nicht schwungvoll, kommt es vermehrt auf der Vorhand, wodurch es zu Langzeitverletzungen kommen kann. Vermeiden Sie diese Überlastung und stellen Sie die Gehfreude wieder her: durch gutes Reiten, vor allen Dingen im Gelände, und sinnvollen Einsatz des Pferdes, siehe auch »Schwierige Pferde, Verbessern von Fleiß und Gehfreude« (S. 106).

● Voltigieren Sie möglichst viel draußen. Das ist für das Pferd und die Voltigierer viel interessanter als die Arbeit in der Reithalle.

● Regelmäßiges Korrekturlongieren: Beim Longieren ohne Voltigierer können Sie sich gezielter mit dem Pferd beschäftigen. Dabei stellen Sie das Pferd noch einmal besonders an die treibenden Hilfen. Übergänge zwischen und in den Gangarten sind hilfreich.

● Stehtage sind Gift für jedes Pferd. Auf gar keinen Fall darf ein Pferd einen ganzen Tag in der Box stehen, schon gar nicht nach einem Turnier.

Beim Voltigieren hat das fleißige Grundtempo Priorität, wofür das Pferd konsequent an die treibende Hilfe gestellt werden muss. Möglicherweise können dabei zwar anfangs nicht alle Kürübungen geturnt werden. Der einzige Weg zur geschlossenen und gesetzten Galoppade geht aber über den schwungvollen Galoppsprung!

Verbessern der Galoppade

Grundsätzlich kann die Galoppade eines Pferdes nur bedingt verbessert werden. Kaufen Sie also gleich eines, das gerne und gut galoppiert. Vor allem durch gute Arbeit im Trab kann die Galoppade gefestigt und die Kraft entwickelt werden, die Voltigierer zu tragen. Dabei kräftigen Sie die notwendige Muskulatur und verbessern Koordination und Beweglichkeit. Langes Galoppieren festigt nur die schlechte Galoppade. Longieren Sie viel über Bodenricks, erarbeiten Sie gute Übergänge in den Galopp. Achten Sie dabei auf schwungvollen Galopp direkt nach dem Anspringen. Nehmen Sie das Pferd schon nach einigen Sprüngen wieder zurück im Tempo und parieren Sie es durch. Auch beim Voltigieren machen Sie nur kurze Einheiten im Galopp. Vor allen Dingen hilft hier auch das korrekte Reiten des Pferdes.

Das Pferd springt bergauf.

Fehler erkennen und korrigieren

Reaktion des Pferdes	Häufige Fehler	Verbessern
Das Pferd hat ständig gesundheitliche Probleme.	Das Pferd wird zu häufig zum Voltigieren eingesetzt. Es hat keine Zeit, um sich zu erholen.	Nach jeder Belastung braucht ein Körper Zeit zum Erholen. Setzen Sie Ihr Pferd dosiert und abwechslungsreich ein.
	Das Pferd wird zu einseitig belastet.	Voltigieren Sie gleich viel auf der rechten und linken Hand, auch im Galopp.
	Das Pferd bekommt nicht genügend Ausgleichstraining.	Verbessern Sie mit Reitlehrer, Vorstand und Stallmeister die Bedingungen.
Das Pferd wehrt sich gegen Übungen, es kommt zu Problemen beim Voltigieren.	Das Pferd wird nicht genügend gelöst und trotzdem voltigiert.	Beginnen Sie erst mit dem Voltigieren, wenn das Pferd korrekt gelöst ist. Verbinden Sie das Lösen des Pferdes mit dem Erwärmen der Voltigierer.
	Der Voltigiergurt oder der Sattel passt nicht.	Nur mit passendem Material können Sie erfolgreich arbeiten.
	Das Pferd akzeptiert bestimmte Übungen nicht.	Akzeptieren Sie, dass nicht jedes Pferd jede Übung mag. Vielleicht ist es einfach für diesen Einsatz nicht geeignet?
Das Pferd verliert an Gehfreude, kommt auf die Vorhand.	Das Pferd wird nicht genügend ausgleichend gearbeitet.	Reiten Sie das Pferd regelmäßig, vor allen Dingen im Gelände. Dressur, Springen und Freispringen sind für jedes Voltigierpferd Pflicht.
	Das Pferd wird überlastet.	Belasten Sie das Pferd nur so stark, wie es ohne Zeichen von Unwohlsein verträgt. Teilen Sie die Trainingseinheiten nach den Bedürfnissen des Pferdes ein.
	Das Pferd wird ohne genügende Ausbildung belastet.	Voltigieren Sie in einem fleißigen Grundtempo. Die notwendige Kraft für die gesetzte Galoppade erreichen Sie nur über schwungvolle Sprünge.

Longieren von Fahrpferden

Für Fahrpferde ist die Longenarbeit von besonderer Bedeutung, weil sie häufig die einzige Möglichkeit ist, das Pferd zu gymnastizieren. An der Longe kann das Pferd entsprechend auf die Anforderungen beim Fahren vorbereitet werden. So ist die Hilfengebung beim Fahren und Longieren identisch. Das Gymnastizieren des Pferdes in Bezug auf die Ausbildungsskala ist genauso zu gestalten wie bei einem Reitpferd. Es gibt keine Unterschiede.

Die Arbeit an der Doppellonge ist die beste Möglichkeit, das Pferd an Leinen und Stränge zu gewöhnen. Ziel ist das sicher an den Hilfen stehende Verlasspferd. Dies gilt nicht nur für den Sportbereich, sondern auch für Freizeitfahrer.

Die Ausrüstung

Das Pferd kann mit einem Fahrgeschirr ausgerüstet werden, nach dem Anlongieren können Sie mit Blendkappen arbeiten.

Das Anlongieren

Das Anlongieren des Fahrpferdes ist identisch mit dem eines Reitpferdes. Besondere Bedeutung hat auch hier das gleichmäßig ausbalancierte Gehen des Pferdes in allen drei Grundgangarten. An der einfachen Longe werden dem Pferd die Hilfen beigebracht. Der Grundstein für ein gehorsames Pferd wird schon in dieser ersten Ausbildung gelegt.

Ziel der Ausbildung

Das Pferd wird nun durch die Longenarbeit für das Fahren vorbereitet. Vom sicheren, geschlossenen Halten über den raumgreifenden Schritt zum korrekten Gebrauchstrab und umgekehrt fördern Sie so das Pferd. Sicheres Antreten und taktreine Verstärkungen kommen Ihnen in der Dressuraufgabe zugute. Das Pferd bleibt dabei in Selbsthaltung und steht sicher an der Fahrerhand. Schnelles reagieren des Pferdes auf Ihre Hilfen wird gefördert. Die weitere Arbeit unterscheidet sich nicht wesentlich von der Arbeit eines Reitpferdes.

Auch mit Fahrgeschirr können Sie longieren.

Die Grundlagen der Arbeit mit der Doppellonge

Obwohl mit der einfachen Longe in der Ausbildung des Pferdes viel erreicht werden kann, haben Sie mit der Doppellonge weitaus mehr Möglichkeiten, Pferde fachgerecht zu arbeiten. Diese Art des Longierens kommt dem Reiten sehr nahe, weil Sie besser auf das Pferd einwirken können.

Im Gegensatz zur einfachen Longe können Sie das Pferd außen begrenzen. Da die äußere Longe um das Hinterbein des Pferdes gelegt wird, verhindert sie das Ausfallen der Hinterhand. Das Pferd kann besser gebogen werden, was die Durchlässigkeit erhöht.

Ein weiterer Vorteil ist, dass Sie mit der Doppellonge das Pferd stellen und damit direkt auf das Genick einwirken können. So ist das Lösen und Gymnastizieren viel effektiver. Gerade in der Lösungsphase kommt ein weiterer Vorteil zum Tragen: Sie können die Doppellonge hingeben, den Rahmen des Pferdes somit erweitern, um die korrekte Dehnungshaltung zu ermöglichen. Das ist mit keinem anderen Hilfszügel

Das Ermöglichen der Dehnungshaltung während der Arbeit mit der Doppellonge.

möglich. Die Arbeit mit der Doppellonge ist neben dem Reiten die effektivste Methode, um die Ziele der Ausbildungsskala zu erreichen.

Das alles von unten und aus einigen Metern Entfernung zu beobachten, darin liegt der Reiz der Arbeit mit der Doppellonge. Sie können dabei Pferde aus allen Sparten des Pferdesports trainieren: junge und ältere Pferde; Dressur-, Spring-, Fahr-, Therapie- und Voltigierpferde. Für die meisten Longenführer ist der Einsatz der Doppellonge vorrangig zum Lösen des Pferdes und zur Verbesserung von Stellung und Biegung geeignet.

Um das Pferd zu versammeln und Lektionen wie Piaffe oder Passage durchzuführen, brauchen Sie allerdings viel Übung und natürlich das entsprechende Pferdematerial – für die meisten Longenführer ist das ohnehin kein Ziel.

Voraussetzung für die Arbeit ist, dass Sie den Umgang mit der einfachen Longe und Peitsche am Pferd gut beherrschen. Das schnelle Aufnehmen der Longe mit der Peitsche in der Hand gelingt Ihnen genauso sicher wie das Verlagern und Verändern der Zirkellinie. Erst dann ist sicheres Longieren mit der Doppellonge überhaupt möglich.

Lieber gut an der einfachen Longe gearbeitet als schlecht an der Doppellonge.

An der einfachen Longe können Sie mit Ihrem Pferd sehr viel erreichen. Es muss nicht die Doppellonge sein, um das Pferd fachgerecht zu bewegen. Wenn Sie sich also noch unsicher fühlen, dann arbeiten Sie mit der einfachen Longe. Das bringt Sie weiter als schlechtes Longieren an der Doppellonge.

Sicherheitsaspekte

Die Arbeit mit der Doppellonge ist nicht ganz ungefährlich. Haben Sie sie beispielsweise nicht korrekt aufgenommen und das Pferd stürmt beim Herauslassen los, kann sich die Doppellonge schnell zu einem Knoten um die Hand zusammenziehen. Ein entscheidender Schritt in der Ausbildung ist es, die äußere Longe um das äußere Hinterbein zu legen. Dabei reagieren einige Pferde panisch und stürmen los – gehen Sie daher besonders behutsam und vorsichtig vor.

Das Longieren kann auch gefährlich werden.

Desweiteren kann die äußere Longe hochrutschen und das Pferd klemmt sie unter der Schweifrübe fest. Oder das Pferd dreht sich und rollt sich in der Longe ein. Um das zu verhindern, sollten Sie ein paar Sicherheitsregeln einhalten:

- Longieren Sie mit Handschuhen.
- Arbeiten Sie anfangs unter Aufsicht einer erfahrenen Person, die Ihnen das Longieren mit der Doppellonge beibringt. Auch später ist es ratsam, zu zweit zu üben. Eine Person nimmt hierbei die Longe, die andere die Peitsche. So können Sie sich voll auf eine Aufgabe konzentrieren und in schwierigen Situationen schneller reagieren.
- Arbeiten Sie anfangs nach Möglichkeit mit einem ruhigen und erfahrenen Pferd. Auch beim Reiten passt ein junger Reiter nicht auf ein junges Pferd.
- Wählen Sie für die Arbeit einen korrekt umzäunten Reitplatz. Sollte Ihr Pferd einmal aus der Hand kommen, kann es zumindest nicht weglaufen.
- Longieren Sie Ihr Pferd anfangs an der einfachen Longe ab, damit es nicht mehr so gehfreudig ist. Erst dann legen Sie die Doppellonge an.

Die innere Longe vom Gebiss zum Gurt (I1).

Die innere Longe vom Gurt zum Gebiss (I2).

Das geeignete Material

Die Doppellonge

Die Doppellonge sollte ca. 17–19 Meter lang sein und aus griffigem Material bestehen.

Es gibt verschiedene Ausführungen, die je nach Ziel verwendet werden.

Unabhängig von der Art ist aber entscheidend, dass die Longe leicht durch die jeweiligen Ringe oder Rollen gleitet. Dies ist vor allen Dingen beim Nachgeben wichtig, damit sich das Pferd die Longe auch nehmen kann und diese nicht klemmt. Bevorzugen Sie Baumwoll- oder andere Naturprodukte.

● Für das Gewöhnen der Pferde sollte die Doppellonge komplett aus einem Strick gefertigt sein. Sie liegt gut in der Hand, ist stabil, gleitet leicht durch die Ringe und verursacht auch bei höherem Druck keine Scheuerstellen am Pferd.

● Für die weitere Arbeit eignet sich am besten eine Doppellonge mit je zwei Rollen an jedem Ende. Sie kann durch die Rollen umgelenkt werden und deshalb gut gleiten, lässt sich höher einschnallen und rutscht außen trotzdem nicht so schnell unter den Schweif.

● Für die Arbeit am langen Zügel oder auf kleinen Zirkellinien ist eine kürzere Doppellonge mit Rollen vorteilhaft, damit Sie nicht so viel der aufgenommenen Longe in der Hand haben.

Wie wird die Doppellonge befestigt?

Je nach Ziel gibt es hier verschiedenste Möglichkeiten der Befestigung.

● Innere Longe:
Das Ende wird am Gurt befestigt und läuft über eine Rolle am Gebissring zur inneren Longenhand (I1). Oder das Ende wird am Gebissring befestigt und läuft über eine Rolle am Gurt zur inneren Longenhand (I2).

● Äußere Longe:
Das Ende wird am Gebissring befestigt und läuft über eine Rolle am Gurt und über den Sattel bzw. Widerrist zur äußeren Longenhand (A1). Oder das Ende wird am Gebissring befestigt und läuft über eine Rolle am Gurt um das Hinterbein zur äußeren Longenhand (A2). Hierbei müssen Sie mit der äußeren Hand die Bewegungen des Pferdes

Die äußere Longe über den Sattel gelegt (A1).

Die äußere Longe ums Hinterbein gelegt (A2).

aufnehmen. Steht sie zu fest, gibt sich das Pferd durch das sich bewegende Hinterbein ständig starke Hilfen, vor allem im Galopp. Üben Sie, die äußere Longe mit soviel Spannung zu halten, dass das Pferd an der äußeren Longe stehen kann, es aber keine ständigen Schläge außen gibt.

Alle weiteren Befestigungsmöglichkeiten sind wie die Korrekturzügel an der einfachen Longe nur in Ausnahmefällen zu verwenden. Je nach Ziel werden die innere und äußere Longe so verschnallt:

● Zum Gewöhnen des Pferdes und für den unerfahrenen Longenführer verschnallen Sie I1 und A1. So können Sie außen einwirken und den Umgang mit der Doppellonge einfacher üben. Für den Handwechsel müssen Sie zum Pferd gehen und die Longe aufnehmen.

● Drängt Ihr Pferd an der Doppellonge nach außen, verwenden Sie ebenfalls I1 und A1. So können Sie das Pferd leichter auf der Zirkellinie halten, ohne sich fest zu ziehen.

● Kommt das Pferd immer nach innen und können Sie es auch mit dem Annehmen der äußeren Longe nicht herausbekommen, verschnallen Sie I2 und A2. Dann gehen Sie hinter das Pferd, verkürzen die Longe und longieren Schlangenlinien und Achten. So lernt das Pferd, auf die Hilfen der beiden Longen richtig zu reagieren. Sie arbeiten immer häufiger auf der Zirkellinie, die Anlehnung wird immer stetiger.

● Zum Lösen des Pferdes wird die Longe auf beiden Seiten tief verschnallt (I2 und A2). Mit der tieferen Verschnallung können Sie Ihr Pferd leichter in Dehnungshaltung arbeiten. Auch Handwechsel sind an der langen Longe möglich.

● Für die weitere Arbeit, zum Beispiel dem Verbessern von Anlehnung und Schwung, werden beide Longen höher verschnallt (I2 und A2). Hier wird die erste Rolle vom Gebiss aus gesehen je nach Ausbildungsstand mittig bis hoch befestigt und die zweite Rolle tief, damit die äußere Longe tief um das Hinterbein geführt wird. So können Sie die natürliche Aufrichtung des Pferdes unterstützen. Ständige Handwechsel an der langen Longe helfen Ihnen bei der Arbeit.

● Wenn sich das Pferd an der Doppellonge einrollt und ständig zu eng macht, befestigen Sie die Longen in die Gebissringe und ein enges über die Trense gezogenes Stallhalfter mit ein. So wird der Druck auf die Kinnlade reduziert.

Der Longiergurt

Gerade bei der Arbeit mit der Doppellonge sollte der Longiergurt viele Ringe haben, damit Sie sie in der Höhe individuell befestigen können. Zum Lösen des Pferdes brauchen Sie vor allen Dingen die tiefen Ringe. Um den festen Sitz zu gewährleisten, schnallen Sie den Gurt über den Sattel. Rüsten Sie das Pferd vorne und hinten mit Gamaschen aus, die das Hinterbein so umschließen, dass die äußeren Doppellonge sich darin nicht verfangen kann.

Die Peitsche

Die Peitsche muss auch beim Longieren mit der Doppellonge so lang sein, dass Sie Ihr Pferd jederzeit sicher erreichen können. Hierfür eignet sich am besten eine Teleskoppeitsche. Bei der Arbeit am langen Zügel oder auf kleineren Linien ist eine längere Handarbeitspeitsche sinnvoll.

Die Peitsche wird zusammen mit der äußeren Longe in der Hand gehalten. Damit das

Pferd nicht bei jedem Treiben mit der Peitsche einen Ruck ins Maul bekommt, müssen Sie üben, sie korrekt einzusetzen. Aus dem Handgelenk heraus wird der Schlag von weit hinten in Richtung Pferd geworfen, ohne dass sich die Longe bewegt. Sie können auch vorübergehend mit der Peitsche in der inneren Hand longieren, z. B. während der Galoppade, damit sich die Peitsche in der äußeren Hand nicht so stark bewegt. Das gilt allerdings nur, wenn Sie Ihr Pferd so auch genügend treiben können.

Die einhändige Zügelführung. Die obere Longe ist die innere.

Der Umgang mit der Doppellonge

Die korrekte Führung der Doppellonge

Es gibt zwei Möglichkeiten, die Doppellonge zu halten:

Einhändige Zügelführung

Bei der einhändigen Zügelführung halten Sie die Doppellonge nur in einer Hand. Die innere Longe wird dabei mit Daumen und Zeigefinger gehalten. Die äußere Longe verläuft zwischen Ring- und kleinem Finger weiter über den Zeigefinger und wird ebenfalls mit dem Daumen gehalten. Die Sicherheitsschlaufe hängt herunter oder liegt auf dem Ringfinger. Durch das Eindrehen des Handgelenkes können Sie Ihr Pferd dabei stellen. Das hat den Vorteil, dass Sie den anderen Arm frei haben und besser mit der

Beidhändige Zügelführung mit einer Schlaufe.

Peitsche einwirken können. Nachteilig ist, dass die Bewegung des äußeren Hinterbeins nicht mehr mit einem weich mitgehenden äußeren Arm kompensiert werden kann.

Beidhändige Zügelführung

In der beidhändigen Zügelführung halten Sie die Longe wie beim Reiten zwischen Ring- und kleinem Finger und weiter über den Zeigefinger. Der Daumen bildet ein Dach auf dem Zeigefinger und hält die Longe so fest. Sie können die Longe auch zwischen Ringfinger und Daumen halten. Für eine weiche Zügelführung müssen die Fäuste aufrecht stehen. Die Arme werden beim Longieren etwas breiter gehalten als

Herauslassen der Longen.

beim Reiten. Sie stehen aber genauso weit vorne, damit genügend angenommen und nachgegeben werden kann.

Aufnehmen und Herauslassen

Zum Aufnehmen der Doppellonge legen Sie sie am besten lang auf den Boden, bevor sie am Pferd angelegt wird. Dann greifen Sie die Mitte der Longe und ziehen den Teil, der beim Longieren innen befestigt ist, ca. 1,5 Meter zurück. Das innere Ende wird verkürzt, weil die äußere Longe den weiteren Weg um das Pferd nimmt.

Das Ende legen Sie über den Zeigefinger der Hand, auf der Sie anschließend longieren möchten. Mit der anderen Hand nehmen Sie die Doppellonge in immer kleiner werdenden Schlägen auf, genau wie die einfache Longe. Dabei greifen Sie mit dem Zeigefinger zwischen die obere und untere Longe. Wenn Sie die innere Longe oben halten, können Sie beim Wegstürmen des Pferdes schneller reagieren.

Zum Herauslassen des Pferdes gleiten beide Longen über die Peitschenhand bis zum Ende heraus. Dabei haben Sie den Zeigefinger zwischen den beiden Longen, die innere ist oben. Dann nehmen Sie die Longen in die rechte und linke Hand. Longiert wird immer mit einer Sicherheitsschlaufe, die entweder zwischen beiden Händen gehalten wird oder bei der einhändigen Longenführung nach unten hängt. Achten Sie auf die richtige Länge der Sicherheitsschlaufe. Ist sie zu kurz, können Sie nicht schnell nachgeben, zu lang gehalten treten Sie womöglich hinein.

Verkleinern und Vergrößern des Zirkels

Wollen Sie Ihr Pferd auf kleineren Linien arbeiten, legen Sie das Ende der Longe am besten wieder über den Zeigefinger und greifen mit der anderen Hand beide Longen so wie beim Aufnehmen. Diese erste Schlaufe legen Sie über das Ende der Longe. Die nächste Schlaufe nehmen Sie in beide Hände und können so longieren. Soll der Zirkel weiter verkleinert werden, legen Sie diese Schlaufe wieder auf die anderen Schläge und nehmen dann die nächste Schlaufe in beide Hände, jeweils mit einer Sicherheitsschlaufe zwischen beiden Händen.

Hilfengebung

Die Hilfen an der Doppellonge sind nur teilweise vergleichbar mit den Hilfen an der einfachen Longe. Ziel ist es, die Stimmhilfen bei der Arbeit weiter und weiter zu reduzieren. Das Durchparieren und Zurückführen des Tempos erfolgt immer deutlicher mit der Longenhilfe, die vergleichbar mit den Zügelhilfen beim Reiten ist. Die Hilfen mit der Peitsche und der Körpersprache verwenden Sie wie an der einfachen Longe (siehe S. 25 und S. 26).

Achten Sie auf eine ständige leichte und sichere Anlehnung zum Pferdemaul. Bei empfindlichen Pferden kann sogar das Eigengewicht der Longe ausreichend sein, diese Anlehnung zu erhalten.

Um das Pferd fachgerecht zu bewegen, müssen Sie das Zusammenspiel der Hilfen üben. Die Koordination zwischen den unterschiedlichen Bewegungen der beiden Arme in Verbindung mit dem passenden Mitgehen zum Pferd ist entscheidend. Konsequenz, zeitliches Zusammenspiel und die Dosierung sind die Kriterien für korrektes Longieren.

Wie lernen Sie das Longieren mit der Doppellonge?

● Genau wie Sie beim Reiten Unterricht nehmen müssen, sollten Sie sich auch das Longieren mit der Doppellonge von einer erfahrenen Person zeigen lassen. Dabei wird sofort auf Fehler hingewiesen und es kommt nicht so schnell zu gefährlichen Situationen. Sie erlernen das Longieren von Anfang an richtig.

● Es ist sehr sinnvoll, zu Beginn die äußere Longe über den Sattel bzw. Widerrist zu legen (A1), innen sind Gurt – Gebiss – Hand (I1) verschnallt. Das Pferd ist mit Hilfszügeln ausgerüstet. So hat das Pferd auch noch eine Anlehnung, wenn die Longen einmal nicht korrekt anstehen. Wenn das nach einigen Wochen gut funktioniert, entfernen Sie die Hilfszügel. Ist auch diese Variante sicher, legen Sie die Doppellonge hinterher.

● Nach diesen ersten Stunden unter Anleitung sollten Sie Ihr Pferd wie oben beschrieben zu zweit longieren (I1, A1). So können Sie sich anfangs ganz auf das Ar-

So können Sie sich auf die Longen konzentrieren.

beiten mit den Longen konzentrieren, trotzdem wird das Pferd dabei nicht schlechter. Die Gangartwechsel erfolgen immer in Absprache miteinander: Die Person mit der Peitsche gibt die Hilfen für die Übergänge nach oben, der Longenführer die Hilfen für die Übergänge nach unten. Konzentrieren Sie sich am Anfang vor allen Dingen auf die richtige Handhabung der Doppellonge – das Verbessern des Pferdes steht nicht im Vordergrund.

● Da der gymnastizierende Wert Ihrer Arbeit in der Zeit, in der Sie das Longieren mit der Doppellonge erlernen, sicherlich nicht so hoch sein wird, ist es sinnvoll, nicht jeden Tag zu üben. Wenn Sie Ihr Pferd 3–4 Mal im Monat an die Doppellonge nehmen, wird es sich nicht verschlechtern, Sie aber üben das Longieren regelmäßig. Denn:

Longieren erlernt man nur durch Longieren.

Wie lernt das Pferd das Arbeiten mit der Doppellonge?

Auch für das Pferd ist die Arbeit mit der Doppellonge etwas ganz Neues. Es muss sich daran gewöhnen, dass eine Longe am Hinterbein entlanggeht und es mit zwei Longen gearbeitet wird. Ganz wichtig ist, dass Sie Ihrem Pferd Zeit lassen, sich an das Neue zu gewöhnen. Verhalten Sie sich ruhig, so dass das Pferd Vertrauen fassen kann. Loben Sie es für korrektes Verhalten, nur so kann die Arbeit zum Erfolg führen – mit Zwang ist eine gute Ausbildung nicht möglich.

Um das Pferd auf die Doppellonge vorzubereiten, hat es sich bewährt, in vier Schritten vorzugehen. Wählen Sie den nächsten Schritt immer dann, wenn sich Ihr Pferd ruhig und vertrauensvoll longieren lässt. Das wird sicherlich mehrere Tage oder Wochen dauern. Die Zeit, die Sie hier investieren, wird sich aber später vielfach bezahlt machen. Es gibt allerdings auch Pferde, die Sie nicht mit der Doppellonge arbeiten können, da sie die äußere Longe ums Hinterbein nicht zulassen. Diese Pferde longiert man dann mit der äußeren Longe über den Widerrist bzw. Sattel.

Erster Schritt

Das Pferd wird zunächst an der einfachen Longe gelöst. Dann testen Sie mit einer Bandage, die um die Hinterhand gelegt wird, wie empfindlich es ist. Halten Sie das Pferd auf der Zirkellinie zur geschlossenen

Seite an – sollte es sich wehren, kann es an der geschlossenen Seite nicht ausbrechen. Der Longenführer bleibt in der Zirkelmitte. Die zweite Person nimmt eine lange Bandage und klemmt sie außen unter die Gurtstrippen des Longiergurtes (nicht verknoten). Dann geht sie auf die Innenseite, nimmt die Longe in die eine Hand und legt die Bandage neben dem Pferd stehend mit der anderen Hand hinter die Hinterhand des Pferdes. Dann wird das Pferd angeführt. Wehrt es sich, können Longe und Bandage losgelassen werden. Wenn das Pferd wegstürmt und auf die Bandage tritt, rutscht sie außen heraus, da sie ja nicht verknotet ist. Bleibt das Pferd ruhig, kön-

nen Sie die Bandage innen und außen verknoten und das Pferd so weiter longieren.

Zweiter Schritt

Dann wird die korrekt aufgenommene Doppellonge angelegt, während die Laufferzügel am Pferd verbleiben. Mit den Zügeln ist es in schwierigen Situationen besser zu kontrollieren. Die Hilfsperson steht außen am Pferd und hält es mit fest.

Die innere Longe wird nun am Gurt befestigt und läuft über den inneren Gebissring zur Longenhand (l1). Mit dieser Verschnallung haben Sie Ihr Pferd in schwierigen Situationen viel besser unter Kontrolle als mit Gebiss – Gurt – Hand (l2). Die äußere

Mit der Bandage testen Sie das Pferd.

Der Helfer führt das Pferd an.

Die äußere Longe am Gurt befestigt (zum Anlongieren mit Laufferzügel verwenden).

Longe verläuft von der Longenhand über den Widerrist bis zum Gebissring (A1). Während die Hilfsperson das Pferd außen festhält, gehen Sie rückwärts zur Zirkelmitte und lassen die Longe heraus. Die Hilfsperson führt das Pferd nun an. Ist es

dabei gelassen, können Sie beim folgenden Longieren (die zweite Person nimmt die Peitsche) die Reaktionen des Pferdes beobachten.

Zum Handwechsel müssen Sie Ihr Pferd anhalten, die Longe aufnehmen und beide Longen andersherum verschnallen (siehe unter »Handwechsel«, S. 149). Wenn das gut funktioniert, können Sie die Laufferzügel entfernen. Anschließend verschnallen Sie die innere Longe so wie die äußere (I2: Gebiss – Gurt – Hand).

Dritter Schritt

Nun kommt der schwierigste Schritt in der Ausbildung, denn die äußere Longe soll um das Hinterbein gelegt werden. Dabei wird das Pferd wieder mit dem Laufferzügel ausgebunden, die innere Longe wie I1 Gurt – Gebiss – Hand.

Halten Sie Ihr Pferd auf der Zirkellinie zur geschlossenen Seite an und geben Sie die Longe an die Hilfsperson, die in der Mitte steht. Sie gehen zum Pferd und schnallen die äußere Longe außen in den Longiergurt ein. Dann stellen Sie sich auf die innere Seite des Pferdes und klopfen es von der Kruppe an abwärts ab. Beobachten Sie es dabei genau. Nehmen Sie die äußere Longe immer weiter nach hinten und legen Sie sie dann schnell um die Hinterhand. Das ist der kritische Moment, in dem Sie sofort vom Pferd weg zur Mitte kommen müssen. Einige Pferde reagieren hier sehr hektisch und stürmen eventuell los oder schlagen aus (auch nach dem Test mit der Bandage). Da die äußere Longe aber am Gurt befestigt ist, schadet sie dem Pferdemaul nicht. Wichtig ist, dass Sie das Pferd mit der inneren Longe auf der Zirkellinie halten. Die äußere Longe bleibt relativ locker, darf allerdings auch nicht auf dem Boden schleifen. Ihr äußerer Longenarm nimmt die Bewegung des Hinterbeines auf und verhindert so, dass die Longe schlägt. Beruhigen Sie Ihr Pferd mit der Stimme, dann wird es von selbst wieder zurückkommen. Rutscht die Longe beim Ausschlagen unter den Schweif, lassen Sie sie auf jeden Fall locker. Nach einiger Zeit gibt das Pferd die Longe wieder frei. **Wichtig ist, dass Sie in der Mitte ruhig bleiben** – denn wenn das Pferd auf der Zirkellinie bleibt, kann nicht viel passieren. Erst wenn das Pferd völlig zufrieden geht, schnallt man die äußere Longe vom Gurt in den Gebissring um.

Nach dem Hinterherlegen entfernen Sie sich schnell vom Pferd.

Vierter Schritt

Damit Sie nun an der Doppellonge die Hand wechseln können, wird die innere Longe, genau wie die äußere, vom Gurt zum Gebissring geschnallt (I2). Auch jetzt bleibt der Laufferzügel am Pferd, da der Handwechsel noch einmal eine hektische Reaktion auslösen kann. Die Longen wechseln ja in dem Moment von einem Hinterbein auf das andere. Bleibt das Pferd dabei ruhig und gelassen, werden die Laufferzügel entfernt. Ab jetzt können Sie richtig mit der Doppellonge arbeiten.

In der nachfolgenden Tabelle ist eine Auflistung der verschiedenen Schritte aufgeführt, mit denen Sie sich und das Pferd an die Arbeit mit der Doppellonge gewöhnen kön-

So können Sie alle Handwechsel longieren.

nen. Jeder Folgeschritt erfordert mehr Fertigkeiten vom Longenführer. Bringen Sie sich und dem Pferd die Arbeit mit der Doppellonge in dieser Reihenfolge bei. Das wird unter Umständen mehrere Monate dauern. Falls etwas nicht funktioniert, kehren Sie zum vorangegangenen Schritt zurück.

147

Dem Pferd die Doppellonge beibringen

Ablauf	Innere Longe	Äußere Longe	Laufferzügel	Anmerkungen
Erster Schritt (Handwechsel nur mit Aufnehmen der Longe möglich)				
A	Einfache Longe		Ja	Hilfsperson schiebt Bandage außen unter den Longiergurt.
B	Einfache Longe		Ja	Hilfsperson führt das Pferd und hält die Bandage in der Hand.
C	Einfache Longe		Ja	Das Pferd wird mit Bandage longiert.
Zweiter Schritt (Handwechsel nur mit Aufnehmen der Longe möglich)				
A	I1 Gurt – Gebiss – Hand	A1 Gebiss – Gurt – Widerrist – Hand	Ja	Hilfsperson führt das Pferd an.
B	I1 Gurt – Gebiss – Hand	A1 Gebiss – Gurt – Widerrist – Hand	Ja	Hilfsperson nimmt anfangs die Peitsche.
C	I1 Gurt – Gebiss – Hand	A1 Gebiss – Gurt – Widerrist – Hand	Nein	
D	I2 Gebiss – Gurt – Hand	A1 Gebiss – Gurt – Widerrist – Hand	Nein	
Dritter Schritt (Handwechsel nur mit Aufnehmen der Longe möglich)				
A	I1 Gurt – Gebiss – Hand	Gurt – Hinterbein – Hand	Ja	Hilfsperson nimmt anfangs die Peitsche.
B	I1 Gurt – Gebiss – Hand	A2 Gebiss – Hinterhand – Hand	Ja	
C	I1 Gurt – Gebiss – Hand	A2 Gebiss – Hinterhand – Hand	Nein	
Vierter Schritt (Jetzt sind richtige Handwechsel möglich)				
A	I2 Gebiss – Gurt – Hand	A2 Gebiss – Hinterhand – Hand	Ja	Jetzt sind richtige Handwechsel möglich.
B	I2 Gebiss – Gurt – Hand	A2 Gebiss – Hinterhand – Hand	Nein	

Der Handwechsel

Äußere Longe über den Widerrist

Wenn Sie mit der äußeren Longe über dem Widerrist (A1) longieren und die innere Longe vom Gurt über den Gebissring zur Longenhand (I1) verläuft, müssen Sie für den Handwechsel zum Pferd gehen. Nach dem Anhalten des Pferdes nehmen Sie beide Longen in die neue innere Hand auf. Am Pferd gehen Sie folgendermaßen vor: Nehmen Sie innen den Haken am Ende der Longe vom Gurt und befestigen Sie ihn am Gebiss. Dann nehmen Sie den Haken vom Gebiss und befestigen ihn am Gurt. Anschließend gehen Sie dicht hinter dem Pferd her und tauschen auf der neuen Innenseite die Haken genauso wie außen. Longieren Sie dann das Pferd wieder heraus. Weil die neue innere Longe etwa einen halben Meter länger ist als die äußere, müssen Sie die Doppellonge wieder so herauslassen, dass sie sich nicht um Ihre Finger wickeln kann.

Verläuft die innere Longe vom Gebiss über den Gurt zur Longenhand (I2), gehen Sie nach dem Aufnehmen direkt hinter dem Pferd her auf die andere Seite und longieren das Pferd wieder heraus.

Äußere Longe ums Hinterbein gelegt, innen Gebiss – Gurt – Hand

Verläuft die äußere Longe hinter dem Hinterbein her und die innere Longe vom Gebiss über den Gurt zur Longenhand, können Sie regelmäßig die Hand wechseln, ohne am Pferd etwas verändern zu müssen.

Diese Handwechsel sind von größtem gymnastizierenden Wert, da das Pferd in Stellung und Biegung verbessert und nicht zu lange einseitig gearbeitet wird.

Der korrekte und vor allen Dingen sichere Handwechsel erfordert allerdings viel Geschick und Übung. In der weiterführenden Arbeit mit dem Pferd werden diese Wechsel auch im Trab ausgeführt, so beispielsweise beim Longieren von Schlangenlinien und Achten.

Sie müssen sich darauf vorbereiten, die Longe auf einer Länge von 2 Metern von der alten inneren Hand fließend auf die neue äußere Hand gleiten zu lassen. Dabei soll immer eine konstante Anlehnung auf beiden Longen bestehen. Auch müssen Sie die Peitsche in die andere Hand wechseln. Um den Handwechsel für Longenführer und Pferd zu erlernen, ist es ratsam, dass eine zweite Person das Pferd anfangs auf der richtigen Linie führt oder die Peitsche nimmt.

So wechseln Sie die innere und äußere Longe.

Für einen Handwechsel von der linken auf die rechte Hand gehen Sie dabei wie folgt vor:

Durch den Zirkel wechseln

1. Sie bewegen sich auf einer geraden Linie aus der Zirkelmitte in Richtung Zirkellinie und wenden das Pferd in Richtung Zirkelmitte ab.

2. Kurz vor der Zirkelmitte stellen Sie Ihr Pferd langsam um, indem Sie die rechte Hand leicht nach hinten führen und mit der linken Hand weit nach vorne in die rechte Longe greifen. Mit dem Daumen und Zeigefinger der linken Hand halten Sie nun die rechte Longe fest und lassen die linke

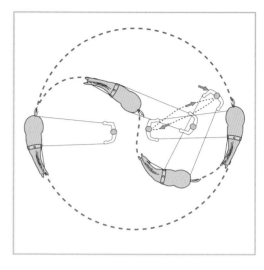

Durch den Zirkel wechseln.

Longe langsam durch die linke Hand gleiten. Dabei nehmen Sie die linke Hand wieder langsam zurück und fassen mit der freien rechten Hand die rechte Longe nach. Die linke Longe gleitet weiter gleichmäßig durch die linke Hand hindurch. Dann lösen Sie die linke Hand wieder von der rechten Longe. So können Sie das Pferd mit stetiger Anlehnung auf die neue Zirkellinie bringen. Dieses Nachgreifen müssen Sie für einen Handwechsel mehrmals wiederholen, bis das Pferd gewechselt hat. Geht das Pferd wieder in Richtung der Zirkellinie, gehen Sie auf einer geraden Linie zurück in die Zirkelmitte.

3. Longieren Sie den Handwechsel auf großen Bögen und stellen Sie das Pferd fließend um. Ziehen Sie es dabei nicht in der Mitte abrupt herum.

4. Geht das Pferd nun auf der anderen Hand, wird die richtige Länge der Longen

Die linke Hand hält beide Longen, die rechte Hand fasst nach.

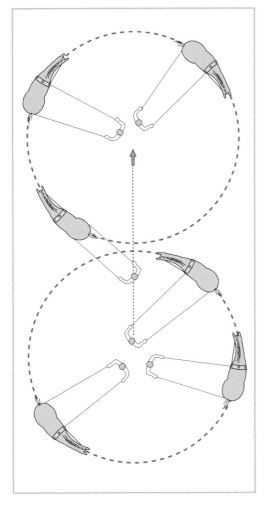

Aus dem Zirkel wechseln.

Aus dem Zirkel wechseln.

Aus dem Zirkel wechseln

Beim Handwechsel aus dem Zirkel heraus stellen Sie Ihr Pferd in der Mitte der Bahn um. Wie oben beschrieben greifen Sie dann mit der linken Hand in die rechte Longe. Dabei gehen Sie auf einer geraden Linie zum neuen Zirkelmittelpunkt. Longieren Sie es auf einem großen Bogen auf die neue Zirkellinie. Dabei müssen Sie direkt nach dem Umstellen schnell hinterherkommen, weil Sie einen Moment lang geradeaus hinter dem Pferd sind. Je konzentrierter Sie die Handwechsel im Schritt üben, desto besser werden sie Ihnen auch in schwierigen Situationen oder im Trab gelingen. Damit die Lektion einen gymnastizierenden Wert hat, muss das Umgreifen der Longen später automatisch ablaufen, während Sie sich voll auf Ihr Pferd konzentrieren.

eingestellt und Sie können Ihr Pferd weiter arbeiten.

Probieren Sie aus, wann Sie während des Handwechsels die Peitsche am besten von der rechten in die linke Hand wechseln können. Dabei muss die Spitze aber hinten herum geführt werden, damit sich der Schlag nicht in den Longen verfängt.

Longieren von Schlangenlinien und Achten

Das Longieren von Achten ist das sich immer wiederholende »Aus dem Zirkel wechseln«. Im Trab ist diese Lektion viel effektiver, erfordert aber auch mehr Geschick. Zum Longieren von Schlangenlinien gehen Sie auf einer geraden Linie z. B. von A nach C und lassen das Pferd zuerst auf kleinen, dann immer größeren Schlangenlinien vor sich hergehen. Wichtig ist, dass Sie Ihr Pferd mit stetiger Anlehnung fließend umstellen.

Gehen Sie bei allen Lektionen unabhängig von Ihrer Hand mit und lassen Sie sich nicht hinterherziehen. Durch das korrekte Longieren von Hufschlagfiguren wie beim Reiten lernen Sie, das Pferd zu kontrollieren und Ihre Hilfen dem Pferd anzupassen. Dadurch lernt das Pferd, auf Ihre Zügelhilfen zu reagieren: Sie können die Wege vorgeben, das Pferd muss folgen – eine gute Korrekturmöglichkeit für Pferde, die bei der Arbeit immer in den Zirkel drängen.

Die Arbeit an der Doppellonge

Nur das korrekte Bewegen des Pferdes bringt es in der Ausbildung weiter. Verwenden Sie die Doppellonge also nicht, nur um mit einer Doppellonge zu longieren. Sie darf nicht zum Selbstzweck werden.

An der Doppellonge gelten die gleichen Kriterien in Bezug auf Takt, Fleiß,

Stellung, Aufrichtung usw. wie an der einfachen Longe und beim Reiten.

Die Skala der Ausbildung ist ebenso Grundlage der Arbeit.

Beim Longieren bleiben Sie möglichst auf einer Stelle stehen. Müssen Sie dennoch mitgehen, um sich beispielsweise bei einem Handwechsel nicht festzuziehen, tun Sie dies unabhängig von Ihrer Hand. Lassen Sie sich nicht vom Pferd hinterherziehen, sondern gehen Sie selbständig mit. Genauso wie Sie beim Reiten unabhängig von Ihrer Hand sitzen können müssen, müssen Sie an der Doppellonge unabhängig von Ihrer Hand gehen können. Hierin liegt die Kunst beim Longieren.

Das Lösen des Pferdes

Zum Lösen des Pferdes wird die Doppellonge seitlich tief eingeschnallt. Auch hierbei beginnen Sie mit mindestens 10 Minuten Schrittarbeit. Versuchen Sie nicht, das Pferd während der Schrittarbeit mit Zwang durchs Genick zu stellen, dieses hat nur Taktfehler zur Folge. Eine leichte Anlehnung bei genügender Freiheit im Hals reicht völlig aus.

Dann beginnt die Trabphase, in der Sie das Pferd an die Longenhilfen stellen. Dazu wird es mit treibenden Hilfen aktiviert und an die Hand getrieben. Gibt das Pferd dann nach und tritt durch das Genick, müssen Sie in der Hand weich werden und die Longe vorsichtig nachgeben. Keinesfalls sollten Sie alles »wegwerfen«, denn dann geht die Anlehnung verloren. Wenn Sie eine zu steife und feste Hand haben, kann sich das Pferd festmachen oder im Hals zu eng werden. Das ist genauso wie beim Reiten.

Durch das Treiben in Verbindung mit dem Annehmen der inneren Longe können Sie Ihr Pferd nach innen stellen. Sofort folgt wieder die nachgebende Hilfe. Kommt das Pferd dabei nach innen, treiben Sie es wieder heraus. An der geschlossenen Seite können Sie Ihr Pferd auch nach außen stellen. Dabei gehen Sie dann einige Schritt mit dem Pferd geradeaus mit, bis Sie es wieder nach innen gestellt haben. Durch diese ständigen Wechsel in der Stellung wird Ihr Pferd locker.

Der Wechsel der Hand und der Gangarten fließen mit ein. Bewegen Sie Ihr Pferd abwechslungsreich und in angepasstem Grundtempo. Auch Bodenricks sind für das Lösen sehr hilfreich, wenn das Pferd erwärmt ist. Hier sollten Sie aber auf keinen Fall Cavaletti mit einem Kreuz verwenden, da sich vor allen Dingen die äußere Longe darin verfangen kann.

Ist das Pferd gelöst und beginnt zu schwingen, können Sie durch vorsichtiges Nachgeben der Longen die Dehnungshaltung ermöglichen.

Das Ablongieren an der Doppellonge ist eine sehr gute Vorbereitung auf das Reiten, Fahren oder Voltigieren. Dies ist oftmals sinnvoller, als beim Reiten zu kämpfen und dabei Kraft und Nerven zu verbrauchen.

Weiterführende Arbeit mit dem Pferd

Wenn die Verbesserung der Stellung und Längsbiegung das Ziel der Arbeitsphase ist, wird das gelöste Pferd ein wenig höher ausgebunden. Es werden vermehrt Schlangenlinien und Achten longiert, was im Trab

Bodenrickarbeit fördert die Losgelassenheit.

effektiver ist als im Schritt. Das sich immer wiederholende Umstellen des Pferdes macht es lockerer im Genick und verbessert die Längsbiegung.

Die korrekten, spannungsfreien **Übergänge** von Gangart und Tempo können an der Doppellonge weiter verbessert und somit die Durchlässigkeit erhöht werden. Das Pferd ist nach dem Gangartwechsel sofort im Takt, geht fleißig voran. Die korrekt herausgearbeiteten Übergänge in die niedrigeren Gangarten, bei denen die Hinterhand im Moment des Durchparierens untergetrieben wird, sind schon versammelnde Lektionen. Das Pferd übernimmt mit der Hinterhand Gewicht und richtet sich dabei auf. Die Tempoverstärkungen verbessern die Anlehnung und die Aktivität der Hinterhand.

Zweifache Gangartwechsel sowohl nach oben als auch nach unten können weiter verfeinert werden. Das Erarbeiten der Über-

Auf kleineren Linien verbessern Sie die Versammlungsbereitschaft.

gänge Schritt – Galopp und Galopp – Schritt ist sehr gut zur Vorbereitung des einfachen Galoppwechsels geeignet. Das geschlossene Halten des Pferdes können Sie besonders gut an der Doppellonge erarbeiten. Dabei beobachten und beurteilen Sie das Pferd aus einigen Metern Entfernung. Auch können Sie Ihr Pferd auf etwas **kleineren Linien** arbeiten. Durch das Verkleinern des Zirkels werden Biegung und Elastizität und dadurch wiederum der Gang deutlich verbessert.

Hier kommt der besondere Vorteil der Doppellonge zum Tragen: Die äußere Longe verhindert ein Ausfallen der Hinterhand. So muss sich das Pferd in seiner gesamten Längsachse biegen.

Dabei aktiviert das Einbeziehen der Bodenricks die Hinterhand zusätzlich, die dadurch vermehrt unter den Schwerpunkt treten muss. Hierfür werden die Stangen im Fächer gelegt. Je nach Ziel und Bewegungsablauf des Pferdes können Sie sie in Höhe und Weite variieren.

Weiterführende Lektionen

Um den Grad der Versammlung und der Durchlässigkeit zu erhöhen, ist die weiterführende Arbeit am langen Zügel der nächste Schritt in der Ausbildung. Seitengänge sind dazu sehr hilfreich. Das Erarbeiten von Lektionen wie Passage oder Piaffe sind die nächsten Ziele auf dem Weg zum durchlässigen und versammeltem Pferd. In Vollendung kann man am langen Zügel sogar fliegende Wechsel longieren.

Zum Verfeinern der Springmanier können Sie Ihr Pferd an der Doppellonge auch Springen lassen.

Nutzen Sie hierzu weiterführende Literatur.

Die Arbeit am langen Zügel

Das Arbeiten des Pferdes am langen Zügel garantiert eine abwechslungsreich Ausbildung. Und mit ein wenig Übung ist es auch gar nicht so schwer, wenn das Pferd die äußere Doppellonge um das Hinterbein akzeptiert. Das Longieren von Schlangenlinien an der Doppellonge ist schon ein Teil der Langzügelarbeit. Die Grundlagen finden Sie hier beschrieben – für weiterführende Arbeit am langen Zügel sollten Sie mit einem erfahrenen Lehrer zusammenarbeiten.

Das geeignete Material

Die Doppellonge oder besser der etwas 8–10 Meter lange Langzügel (mit je einer 2,5 Meter langen Kordel an beiden Enden für die beiden Rollen pro Seite) wird mit den beiden Haken im Gebissring befestigt und verläuft durch die eher tief eingehakten Rollen zur Longenhand. Sie gehen hinter das Pferd und nehmen die Longe in mehreren Schlägen so weit auf, dass Sie ungefähr 2–3 Meter dahinter stehen. Mit einer Bogenpeitsche können Sie das Pferd treiben. Sehr gut geeignet ist auch eine leichte Longierpeitsche, von der Sie den Schlag entfernen.

Sicherheitsmaßnahmen

● Für den Fall, dass das Pferd nach hinten ausschlägt, müssen Sie weit genug entfernt sein.

● Sollte das Pferd anfangen zu eilen, lassen Sie den langen Zügel aus Ihrer Hand herausgleiten und wenden das Pferd mit der inneren Longe auf die gebogene Linie ab. Versuchen Sie keinesfalls, dagegen zu ziehen.

● Achten Sie auf eine genügend große Sicherheitsschlaufe zwischen Ihren Händen.

Lektionen

Vor allen Dingen im Schritt hinter dem Pferd hergehend können Sie es auf verschiedenen geraden und gebogenen Linien arbeiten.

Schlangenlinien

Bei den Schlangenlinien stellen Sie Ihr Pferd immer wieder von einer Hand auf die andere um. Der äußere Zügel steht an, durch das vorsichtige Annehmen und Nach-

Gehen Sie mit genügendem Abstand hinter dem Pferd her.

Versuchen Sie, die Schlangenlinien korrekt auszuführen.

geben der inneren Longe erreichen oder erhalten Sie die Stellung. Sie gehen dabei hinter dem Pferd her. Die Größe der Bögen ist abhängig von seinem Ausbildungsstand.

Sie gehen bei den Seitengängen mehr in die Bahnmitte.

Volten oder Kehrtvolten

Wenden Sie Ihr Pferd immer wieder ab und longieren es auf 8–12 Meter großen Volten, auch Kehrtvolten sind möglich. Dabei können Sie durchaus im Mittelpunkt der Volte stehen bleiben und das Pferd von der Seite beobachten. Das erfordert aber das geschickte Aufnehmen und Herauslassen der beiden Longen, um immer die richtige Länge zu haben. Immer kleinere Volten sind erste Schritt zur Kurzkehrt.

Seitengänge

Eine wichtige Lektion ist das Erarbeiten von Seitengängen, die die Längsbiegung und Stellung des Pferdes verbessern und auch zum Lösen des schon erwärmten Pferdes geeignet sind. Für den Anfang wählen Sie das »Schenkel-weichen-Lassen« mit Stellung zur Bande, die Hinterhand weicht in die Bahn. Mit einer Kehrtvolte aus der Ecke leiten Sie die Übung ein. Sie longieren das Pferd schräg zur Bande zurück und bewegen sich dabei auf dem zweiten oder dritten Hufschlag mit Abstand zur Bande. Die Longe auf der Bandenseite ist die neue innere Longe, sie umschließt das Hinterbein und regt das Pferd zum vermehrten seitlichen Überfußen an. Sie stellen Ihr Pferd zur Bande und treiben es mit der Peitsche am inneren Hinterbein oberhalb des Sprunggelenkes zur Bahnmitte. Wenn das innere Hinterbein abhebt, können Sie das Pferd leicht touchieren und das Überfußen unterstützen. Hierbei soll die Vorwärtsbewegung im Takt des Pferdes überwiegen. Ziehen Sie Ihr Pferd nicht im Hals herum!

Fehler erkennen und korrigieren

Reaktion des Pferdes	Häufige Fehler	Verbessern
Die Verbindung wird fest, es ist kein weiches Einwirken möglich, das Pferd geht zu eng.	Der Longenführer läuft nicht unabhängig von der Hand und lässt sich hinterherziehen.	Wie beim Reiten muss Ihre Hand unabhängig geführt werden. Seien Sie flink auf den Beinen, denn hier müssen Sie oftmals mitgehen. Geben Sie genügend nach.
	Das Pferd drängt nach außen.	Verschnallen Sie die innere Longe vom Gurt über den Gebissring zur Longenhand. Longieren Sie entlang einer Abgrenzung.
Das Pferd tritt nicht an die Hand, die Longen hängen ständig durch.	Die Arme werden zu hoch, tief, seitlich etc. gehalten oder wirken rückwärts.	Achten Sie immer wieder auf die Grundstellung zum Pferd und Ihre Armhaltung. Lassen Sie sich von außen korrigieren.
		Longieren Sie Schlangenlinien am langen Zügel.
Das Pferd wird schwunglos und fest.	Sie longieren zu häufig mit der Doppellonge, sind aber noch nicht geübt genug, um Ihr Pferd zu verbessern.	Longieren Sie nur alle 14 Tage kurz mit der Doppellonge und lassen Sie sich von außen korrigieren.
	Das Pferd wird vorne festgehalten und nicht genügend getrieben.	Longieren Sie eventuell mit Hilfszügel, achten Sie vor allen Dingen auf das genügende Grundtempo.

Rückwärtsrichten

Das Rückwärtsrichten ist eine weitere gute Lektion zum Verbessern der Durchlässigkeit des Pferdes. Sie halten am besten an der Bande an, das Pferd soll mehrere Sekunden geschlossen und ruhig stehen. Dann geben Sie mit beiden Händen gleichzeitig mehrere leichte Longenhilfen und die Stimmhilfe »Zurück«. Das Pferd soll daraufhin einige Tritte Rückwärtsrichten und geschlossen stehen. Anfangs kann ein Helfer das Pferd mit einer kurzen Peitsche vor der Brust berühren. In der weiteren Ausbildung können Sie Ihr Pferd direkt aus dem Rückwärtsrichten wieder in den Schritt oder Trab antreten lassen.

Stichwortverzeichnis

Über den Autor

Rainer Hilbt ist Trainer A Voltigieren und verfügt als Longierlehrer über mittlerweile 20 Jahre Erfahrung im Longieren von unterschiedlichsten Pferden. Er war Vielseitigkeitsreiter und betreut die Pferde mehrerer Landeskader Voltigieren.

Rainer Hilbt ist Referent an mehreren Lehrstätten, in denen Trainer ausgebildet werden. Er hat zahlreiche Veröffentlichungen in verschiedene Fachzeitschriften und mehrere Bücher geschrieben. Als Mitautor war er tätig an den offiziellen »Richtlinien für Reiten und Fahren« der FN Band 3 »Voltigieren« und Band 6 »Longieren«. Weitere Informationen über das Longieren und das dazu notwendige Material erhalten sie unter *www.longieren.de.*

Fragen zum Longieren Ihres Pferdes können Sie unter *rainer.hilbt@longieren.de* stellen.

Impressum

Bibliografische Information der Deutschen Nationalbibliothek
Die Deutsche Nationalbibliothek verzeichnet diese Publikation in der Deutschen Nationalbibliografie; detaillierte bibliografische Daten sind im Internet über http://dnb.d-nb.de abrufbar.

2., überarbeitete Auflage, Neuausgabe

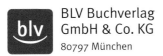 BLV Buchverlag
GmbH & Co. KG
80797 München

© 2013 BLV Buchverlag GmbH & Co. KG, München

Bildnachweis
Alle Fotos Rainer Hilbt, außer:
Hohmann, Sabine: S. 21, 37, 97, 100, 101, 135
Kropp, Joachim: S. 120, 121 u., 122, 128
Toffi, Jacques: S. 12 (2), 40, 50, 54, 56 u., 58, 62, 90, 91, 94 o., 107, 133

Umschlagkonzeption: Kochan & Partner, München
Umschlagfotos: Vorderseite: Jacques Toffi,
              Rückseite: Rainer Hilbt
Lektorat: Dr. Margit Roth, Ruth Wiebusch
Herstellung: Angelika Tröger
DTP: Satz+Layout Peter Fruth GmbH, München

Gedruckt auf chlorfrei gebleichtem Papier
Printed in Germany
ISBN 978-3-8354-1187-6

Hinweis
Das vorliegende Buch wurde sorgfältig erarbeitet. Dennoch erfolgen alle Angaben ohne Gewähr. Weder Autor noch Verlag können für eventuelle Nachteile oder Schäden, die aus den im Buch vorgestellten Informationen resultieren, eine Haftung übernehmen.

Einmaleins für Mensch und Pferd

Kerstin Diacont
Bodenarbeit für Einsteiger
Die Basis für eine vertrauensvolle Beziehung: Basisausbildung für die Arbeit an der Hand · Die Pferdesprache erlernen und das Verhalten des Pferdes richtig einschätzen · Übungen, die Gehorsam und Vertrauen fördern – mit Lösungen für Problemsituationen · Mit Details aus der Pferdepsychologie.
ISBN 978-3-8354-0690-2